MARCO  POLO

> Chile ist ein phantastisches Reiseland, in dem man nach 18 Jahren immer noch neue Ecken entdecken kann.
> *MARCO POLO Bearbeiter*
> *Malte Sieber*
> (siehe S. 126)

Das passt:
Der MARCO POLO Sprachführer Spanisch

Weitere MARCO POLO Titel:
Peru/Bolivien, Argentinien, Brasilien

Spezielle News, Lesermeinungen und Angebote zu Chile:
www.marcopolo.de/chile

CHILE

Vallenar
Catama
La Serena
Santiago
de Chile

> SYMBOLE

Insider Tipp MARCO POLO
INSIDER-TIPPS
Von unseren Autoren
für Sie entdeckt

★ MARCO POLO
HIGHLIGHTS
Alles, was Sie in Chile
kennen sollten

🔆 SCHÖNE AUSSICHT

📶 WLAN-HOTSPOT

▶▶ HIER TRIFFT SICH
DIE SZENE

> PREISKATEGORIEN

HOTELS
€€€ über 100 Euro
€€   50–100 Euro
€   unter 50 Euro
Die Preise gelten für zwei
Personen im Doppelzimmer
pro Nacht mit Frühstück

RESTAURANTS
€€€ über 20 Euro
€€   12–20 Euro
€   unter 12 Euro
Die Preise gelten für ein
Menü mit Vorspeise, Haupt-
gang, Nachtisch, Getränk (inkl.
Bedienung)

> KARTEN

[114 A1] Seitenzahlen und
Koordinaten für d
Reiseatlas Chile
[U A1] Koordinaten für di
Karte Santiago im
hinteren Umschlag
[0] außerhalb des
Kartenausschnitts

Zu Ihrer Orientierung sind
auch die Orte mit Koordina
versehen, die nicht im Rei
atlas eingetragen sind

> SZENE

S. 12–15: Trends, Entde-
ckungen, Hotspots! Was
wann wo in Chile los ist,
verrät der MARCO POLO
Szeneautor vor Ort

> 24 STUNDEN

S. 94/95: Action pur und
einmalige Erlebnisse in
24 Stunden! MARCO POLO
hat für Sie einen außer-
gewöhnlichen Tag in
Santiago zusammenge-
stellt

> LOW BUDGET

Viel erleben für wenig Geld!
Wo Sie zu kleinen Preisen
etwas Besonderes genießen
und tolle Schnäppchen
machen können:

Preiswert übernachten im
„lebenden Museum" S. 42 |
Billiger Kulturgenuss beim
Mittagskonzert S. 56 | Mee-
resfrüchte satt im Fischerei-
hafen S. 70 | Bezahlbarer
Stützpunkt für Patagonien-
Abenteuer S. 81

> GUT ZU WISSEN

Was war wann? S. 10 |
Spezialitäten S. 26 | Blogs &
Podcasts S. 44 | Dicke Luft
S. 54 | Bücher & Filme S. 59 |
Weinkeller S. 62 | Deutsch-
Chilenen S. 72 | Ans Ende der
Welt S. 78 | www.marcopolo.de
S. 102 | Währungsrechner S. 103
| Was kostet wie viel? S. 104

AUF DEM TITEL
Parque Nacional Torres
del Paine S. 99
Kunst in Santiago de Chile
S. 14

ENTDECKEN SIE CHILE!

Unsere Top 15 führen Sie an die traumhaftesten Orte und zu den spannendsten Sehenswürdigkeiten

Die Highlights sind in der Karte auf dem hinteren Umschlag eingetragen

 Parque Nacional Lauca
Erhabene Sechstausender umrahmen den Hochandensee Chungará im Grenzgebiet zu Peru und Bolivien (Seite 36)

 Kupfermine Chuquicamata
Bei Calama kommt Chiles rotes Gold aus dem größten Loch der Welt (Seite 38)

 Valle del Elqui
Die grüne Flussoase in der Halbwüste bei La Serena zieht Sterngucker, Sonnenanbeter und UFO-Gläubige an (Seite 44)

 Tatio-Geysire
Bei Sonnenaufgang schießen bei San Pedro de Atacama auf 4300 m Höhe Dampffontänen aus dem Boden (Seite 47)

 Valle de la Luna
Bizarre Felsstrukturen und Sanddünen in der Atacamawüste: das Mondtal (Seite 47)

 Palacio de la Moneda
In Santiago an historischer Stätte dem Präsidenten beim Regieren zuschauen (Seite 52)

 Mercado Central
Lukullische Genüsse mitten im bunten Treiben der Markthallen von Santiago (Seite 53)

 Ascensores
In Valparaíso mit hundertjährigen Standseilbahnen vom Hafen zum Aussichtsbalkon der Stadt fahren (Seite 60)

> DIE BESTEN MARCO POLO HIGHLIGHTS

 Lago Llanquihue
Bei den Urenkeln der deutschen Einwanderer am riesigen Llanquihue-See bei Puerto Montt gibt es Schwarzwälder Kirschtorte zu Füßen von Andengipfeln (Seite 67)

10 **Parque Nacional Conguillío**
Stolze Araukarienwälder, blaue Seen und erkaltete Lavaströme prägen den Nationalpark rings um Chiles aktivsten Vulkan, den Llaima bei Temuco (Seite 70)

 Vulkan Villarrica
Einmal an einem rauchenden Vulkankrater stehen, in die Lava blicken und die Fernsicht genießen – von Pucón aus kein Problem (Seite 73)

 Carretera Austral
Auf einsamen Schotterpisten durch den Dschungel Patagoniens zu Fjorden, Seen und Gletschern (Seite 77)

 Parque Nacional Torres del Paine
Auf Schusters Rappen rund um das spektakuläre Paine-Massiv bei Puerto Natales (Seite 81)

 Pinguinkolonien
Zu Besuch bei den gar nicht kamerascheuen Frackträgern bei Punta Arenas (Seite 83)

 Osterinsel
Am „Nabel der Welt" erzählen die mystischen Moai-Standbilder von einer untergegangenen Kultur (Seite 86)

WAS FÜR EIN LAND!

Vulkan Osorno am Lago Llanquihue

> Chile, das lange, schmale Land am Ende der Welt, vereint fast alle Klimazonen und enorme landschaftliche Kontraste: endlose Wüsten und feuerspeiende Vulkane, Kaktussteppen und Weinfelder, Felsenfjorde und Sandstrände, sattgrüne Urwälder und blau schimmernde Gletscher. Hier finden Sie lateinamerikanisches Metropolenflair ebenso wie Einsamkeit in märchenhaften Nationalparks. Ein gut ausgebautes Verkehrsnetz erschließt alle Regionen, überall warten gastliche Hotels und Restaurants, und die Chilenen werden Sie mit ihrer unaufdringlichen Gastfreundschaft überraschen. Und nicht zuletzt gilt Chile als das sicherste Reiseland Südamerikas.

> Verkehrt und doch vertraut: Dieses Gefühl stellt sich ein, wenn Sie sich nach 16 Stunden Flug auf die Plaza de Armas, den Hauptplatz von Santiago, setzen und den Blick schweifen lassen. Verkehrt ist die Jahreszeit hier auf der Südhalbkugel. Vielleicht sind Sie im Nieselherbst abgeflogen und finden sich nun im Frühling wieder. Die Sonne steht zu Mittag zwar im Norden, aber sie wärmt zuverlässig. Vertraut europäisch ist die Szenerie: hier stehen anmutende Arkaden, dort ein stolzes Palais, an der Ecke ein Spiegelglasturm neben der neoklassizistischen Kathedrale. Vertraut auch die Gesichter der Menschen: typische Latinos? Fehlanzeige! Geschäftsleute in Designeranzügen, kichernde Schulmädchen, Büroangestellte, Managerinnen mit Handy am Ohr. Auf der Plaza sitzen Sie im Auge des Hurricans: Während ringsum das Leben der Millionenstadt pulsiert, verfallen die Menschen hier in den Schlenderschritt, schauen den Schachspielern über die Schulter oder lauschen einem Streichquartett. Das

Klischeebild einer chaotischen lateinamerikanischen Metropole erweist sich als unzutreffend: Ruhig und zivilisiert geht es hier zu, kaum ein Bettler fleht Sie an, kein Taxifahrer hupt Ihnen hinterher – allenfalls preist ein Straßenverkäufer Billigschmuck an. Freilich verstehen Sie die Chilenen anfangs kaum, auch wenn Sie glauben, Spanisch zu können: Die Chilenen sind Meister im Schnellsprechen und Verschlucken von Endungen.

> *Europäisches Flair zwischen Anden und Pazifik*

Und doch kommen Sie schnell ins Gespräch mit dem Banknachbarn, der Zeitung liest, oder dem Verkäufer, der sich als Deutschstudent entpuppt. Die Chilenen sind unaufdringlich, aber neugierig und ernsthaft interessiert an Besuchern aus Europa. Woher, wohin, „¿Te gusta Chile?" (Gefällt

Fiesta de la Tirana: Zu Ehren der Jungfrau Carmen werden traditionelle Tänze aufgeführt

dir Chile?) sind stets die ersten Fragen. Und dann stellt sich heraus, dass der Schwager einer Tante mal in Hamburg gelebt hat genau wie Sie, und im Nu sind Sie ein *amigo* und zum Grillen eingeladen.

> **> Regenwälder und Wüsten, Steppen und Gletscher**

Dass Chile zu überraschen versteht, haben Sie schon beim Anflug auf Santiagos Flughafen bemerkt. Gleich hinter dem Häusermeer ragt die schneebedeckte Andenkette auf und lässt erahnen, welche Naturschönheiten das Land bereithält. Chile liegt am Ende der Welt, aber welch ein furioses Ende ist das! Die Sage geht, Gott habe nach der Erschaffung der Welt die Überreste hinter das letzte Gebirge gekehrt – und da sind sie: Vulkane, Regenwälder, Wüsten, Steppen, Gletscher, Flüsse, heiße Quellen und endlose Strände. Kein

anderes Land vereint so viele landschaftliche Kontraste und Klimazonen wie Chile. Schon die Form sucht ihresgleichen: ein im Schnitt nur etwa 180 km breiter, aber 4300 km langer Streifen, eingezwängt zwischen der bis zu 7000 m hohen Kordillere im Osten und dem Pazifischen Ozean im Westen. Auf Europa projiziert, reicht Chile von Nordnorwegen bis in die Sahara! Dabei ist Chile zwar mit rund 750 000 km^2 mehr als doppelt so groß wie Deutschland, wird aber von nur 16 Mio. Menschen bewohnt, und die meisten drängen sich zudem in der fruchtbaren Zentralzone. Große Teile des Landes, die Wüsten des Nordens ebenso wie die Anden und die Fjordlandschaft Patagoniens, sind nur dünn besiedelt.

Schon für die spanischen Eroberer spielte der abgelegene Landstrich nur eine untergeordnete Rolle, fanden sie doch hier weder Gold noch Silber. Mit ein paar Forts und Proviantlagern an der Küste garantierten sie den Seeweg ums Kap Hoorn, und die Haziendas in Mittelchile lieferten Lebensmittel ins Vizekönigreich Peru. Weiter südlich verteidigten die Mapuche über Jahrhunderte ihre angestammten Siedlungsgebiete. Erst ab Mitte des 19. Jhs., nach dem Sieg der Unabhängigkeitsbewegung über die spanischen Truppen und der Gründung der Republik Chile, wurde der Süden von Kleinbauern und Handwerkern aus Mitteleuropa kolonisiert – darunter viele Deutsche. Allmählich dehnte der junge Staat sein Hoheitsgebiet aus. Als der Abbau von Salpeter lukrativ wurde, eroberten die Chilenen die Atacamawüste. Im Wett-

WAS WAR WANN?

6000 v.Chr. Chinchorro-Jägerkultur bei Arica; die Toten werden als Mumien im Sand bestattet

1470 Das Inkaimperium dehnt sich bis nach Mittelchile aus

1535 Diego de Almagro stößt von Peru nach Chile vor

1540 Pedro de Valdivia wird Gouverneur von Chile und gründet ein Jahr später Santiago

18. Sept. 1810 Bildung der ersten Nationalregierung. Nach 8-jährigem Befreiungskrieg ruft Bernardo O'Higgins die Unabhängigkeit aus und setzt sich an die Spitze der jungen Republik

ab 1829 Chile gewinnt als Nationalstaat Kontur; Entdeckungen von Silber- und Salpetervorkommen

1879–84 Pazifischer Krieg („Salpeterkrieg") gegen Bolivien und Peru um die Salpetervorkommen in der Atacamawüste. Chile gewinnt Territorien hinzu

1929/30 Weltwirtschaftskrise trifft Chile schwer

1960 Schweres Erdbeben in Südchile (9,5 auf der Richterskala): 5000 Tote

1970 Der Sozialist Salvador Allende wird zum Präsidenten gewählt

11. Sept. 1973 Blutiger Putsch von General Augusto Pinochet; es folgen 17 Jahre Diktatur

1989 Patricio Aylwin wird zum Präsidenten gewählt; Rückkehr zur Demokratie.

2006 Als erste Frau tritt Michelle Bachelet das höchste Staatsamt an

2010 Erdbeben (Stärke 8,8) in Mittelchile; 600 Tote

2010 Der Unternehmer Sebastián Piñera

lauf um die Kontrolle der Magellan-Straße zeigten sie auch am Südzipfel des Kontinents Flagge, schließlich annektierten sie sogar die 3800 km vor der Küste gelegene Osterinsel.

> ## Die „Preußen Südamerikas" sorgen für Wirtschaftswachstum

Ende des 19. Jhs. begann der industrielle Abbau von Kupfererzen, und Chile stieg zum weltgrößten Produzenten des roten Metalls auf. Die einseitige Abhängigkeit von der Rohstoffausfuhr hat in der Vergangenheit immer wieder zu Krisen geführt. Aber seit den von der Militärregierung in den 1980er-Jahren verfügten neoliberalen Reformen, der Privatisierung der Staatsbetriebe und der Öffnung zum Weltmarkt sind Chiles Land- und Forstwirtschaft blühende Wirtschaftszweige geworden. Chilenische Erdbeeren, Pfirsiche und Trauben gehen per Luftfracht in die Supermärkte der Nordhalbkugel. Ebenso Butter, Wein und Tiefkühlfisch: Chile ist zum zweitgrößten Lachsexporteur nach Norwegen avanciert.

Das Wirtschaftswachstum der letzten zwei Jahrzehnte hat Chile den Status eines Schwellenlandes und einer wachsenden Mittelschicht relativen Wohlstand beschert. Zwar lebt offiziell immer noch ein Siebtel der Bevölkerung unter der Armutsgrenze, doch im lateinamerikanischen Vergleich schneidet Chile, was wirtschaftliche Stabilität und Lebensstandard angeht, gut ab. Dies ist nicht zuletzt dem Fleiß und Ehrgeiz der Chilenen geschuldet. Sie gelten als die Preußen des Kontinents; Korruption und Schlendrian halten sich in Grenzen, und nirgends auf der Welt wird so lange gearbeitet wie hier (2400 Stunden im Jahr). Auch politisch hat Chile zu jener Stabilität zurückgefunden, die das Land bis 1973 vom Rest Lateinamerikas abhob. Damals putschte das Militär

Chile ist seiner Randlage überdrüssig geworden und der Welt nahe gerückt: durch politische Integration, durch Freihandelsabkommen z.B. mit der EU und nicht zuletzt durch den Tourismus. Nirgends in Südamerika können Sie so sicher und unbekümmert reisen wie zwischen Arica und Puerto Williams. Ein guter Rat: Unterschät-

Auch das ist Chile: Palmenstrand auf der Osterinsel

gegen den linken Präsidenten Salvador Allende und seinen „chilenischen Weg zum Sozialismus". Bis 1990 herrschte General Augusto Pinochet als Diktator mit eiserner Hand, bevor er sich freiwillig abwählen ließ. Die Spuren von drei Jahren sozialistischem Experiment und 17 Jahren Diktatur verschwinden in den Köpfen nur langsam. Eine echte Aufarbeitung dieses nationalen Traumas steht noch immer aus.

zen Sie die Entfernungen nicht! Das Land verfügt zwar über ein gutes Verkehrsnetz, doch jenseits der urbanen Zentren endet der Asphalt, verstummt das Handy, sind es plötzlich 100 km bis zur nächsten Siedlung. Die Reise ins Land am Ende der Welt ist immer noch ein Abenteuer, wenn auch ein kalkulierbares. Bringen Sie genügend Zeit mit, oder begnügen Sie sich mit einer Region – und kommen Sie im nächsten Jahr wieder!

▶▶ TREND GUIDE CHILE

Die heißesten Entdeckungen und Hotspots!
Unser Szene-Scout zeigt Ihnen, was angesagt ist

Sven Olsson-Iriarte

Unseren Szene-Scout hat es vor einigen Jahren von Hamburg nach Santiago de Chile gezogen. Dort erkundet er das Land, sucht die szenigsten Restaurants oder taucht ins Nachtleben ein. Seine Lieblingsviertel sind Bellavista und Providencia. Wenn er nicht gerade auf der Suche nach Trends ist, arbeitet er als Geschäftsführer für eine Übersetzungs- und Dolmetschagentur.

▶▶ HINGUCKER

Ein Traum zum Schlafen

Innen, außen und rundherum. Bei der neuesten Generation der Boutiquehotels stimmt einfach alles. Designer haben für das passende Interieur gesorgt, Architekten für die richtige Form, und Mutter Natur hat die perfekte Umgebung geschaffen. Besonders eindrucksvoll sehen Sie das beim *Remota*. Das supercoole Design des Hotels trifft auf die faszinierende Landschaft Patagoniens (*Ruta 9 Norte, km 1,5, Puerto Natales, www. remota.cl*). In einem alten Stadthaus von 1927 befindet sich Santiagos schönstes Boutiquehotel. *The Aubrey* besticht durch eine ausgewählte Inneneinrichtung und viele liebevolle Details (*Constitución 299–317, www.theaubrey.com*). Wer gerne absolut ruhig wohnt, ist im *L'Ambassade* goldrichtig. Das franco-chilenische Hotel hat fünf elegante Zimmer mit liebevollen Details wie Patchworkdecken und antiken Schreibpulten und einem Blick ins Grüne (*Av. Suiza 2084, www.ambassade.cl, Foto*).

SZENE

▶▶ NIGHTLIFE

Lokale mit Charakter

Nicht cool und kühl, sondern mit Charme und Patina werben die Trendbars in Santiago um Kundschaft. Die *Resto-Bar Ky* serviert Asiaküche und erobert die Fans durch ihr Ambiente. Ein Mix aus vielen Stilrichtungen, Altem und Neuem verleiht dem Lokal das Besondere (*Av. Perú 631, www.resto barky.cl*, Foto). Afrikanisch-asiatisch geht es in der *Lamu Lounge* zu. Hier entspannt man auf Liegelandschaften, mit einer breiten Cocktailauswahl und bei Loungemusik (*Monseñor Escrivá de Balaguer, www.lamulounge.cl*). Das *El Mesón Nerudiano* kommt mit mehr Patina – und Livemusik – daher. In dem Lokal in Bella Vista gibt es Jazz und Singer-Songwriter-Musik zu hören (*Dominica 35, www.elmesonnerudiano.cl*).

▶▶ AUF DEM BOARD

Dünenreiten

Man kann in Chiles Bergen herrlich snowboarden, die lange Küste lädt zum Wellenreiten ein und die Wüste zum Sandboarden. Die beste Region für den Dünensport ist San Pedro de Atacama und dort das Valle de la Muerte (Tal des Todes), dessen Name aber niemanden abschrecken sollte. Auf den bis zu 120 m hohen Dünen können auch An-

fänger das Sandboarden erlernen. Eine Einführung gibt die *Atacama Connection* (*Calle Caracoles, San Pedro de Atacama, www.atacamaconnection.com*). Wer den Dreh raus hat, leiht sich bei *Vulcano* ein Board oder belegt einen Kurs (*www.vulcanochile.com*). Die zweite Anlaufstelle für Sandboarder in Chile ist Iquique. Dort wurde die Sportart angeblich sogar erfunden. Wer einmal zum Sonnenuntergang den Drachenhügel mit Blick auf das Meer heruntergeboardet ist, wird sich der Faszination dieses Sports nicht mehr entziehen können. Ausrüster in Iquique ist *Vertical* (*Av. Arturo Prat 580, www.verticalstore.cl*).

▶▶ MODE

Kleidung zum glücklich sein

Bei *Duende Capitalista* gibt es alles, was das etwas ausgefallenere Modeherz begehrt – und obendrein noch eine nicht ganz ironiefreie Betrachtung der Modewelt. „Kaufe jetzt, und sei glücklich", wirbt Shopbesitzerin Rosario Riveros *(Ismaël Valdés Vergara 251, Santiago, www. duendecapitalista.cl)*. Wer die extravaganten Designs von *Juana Diaz* trägt, wird vielleicht nicht glücklicher sein, aber sicher (farben)froher *(www.juanadiaz.cl, Foto)*. *Rubén Campos* sorgt mit skulpturengleichen Roben für Glücksgefühle *(Eliodoro Yáñez 1750, Santiago, www.rubencampos.com)*.

▶▶ SEHENSWERT

Künstliche Umgebungen

Kunst im Vorbeigehen gibt es in Chiles Hauptstadt Santiago. Steigen Sie in die U-Bahnlinie 5 und lassen Sie die sehenswerten Bahnhöfe mit Werken von *Hernán Miranda* und anderen Künstlern an sich vorbeiziehen *(www.metrosantiago.cl)*. Aussteigen sollten Sie rechtzeitig für die *Galeria Animal*. In dem würfelförmigen Ziegelbau mit ungewöhnlicher Treppenkonstruktion wird Experimentelles – von der Performance über Videokunst – gezeigt *(Av. Alonso Córdova 3105, Vitacura, Santiago, www.galeriaanimal.com)*. Viel Platz für junge Talente bietet *Matacuna 100*. Die Kunstkooperation stellt Newcomern aller Disziplinen in orangefarbenen Containern Platz zur Verfügung *(Av. Matucana 100, Santiago, www.m100.cl, Foto)*.

▶▶ CANOPY

Tarzan lässt grüßen

Sportliche Naturliebhaber sollten sich Pucón und Puerto Varas nicht entgehen lassen. Die beiden Orte sind die idealen Locations für den Nervenkitzel im Grünen. In den Wäldern sind hoch in den Baumgipfeln Drahtseile gespannt. Im Klettergeschirr sausen Sie sicher, aber mit Tempo, von Baum zu Baum. Eine der schönsten Canopy-Touren geht in schwindelerregenden Höhen entlang des Flusses Trancura *(Turismo Trancura, Av. O'Higgins 211, Pucón, www.trancura.com, Foto)*. Rund 300 km weiter südlich sind gleich mehrere Routen im Angebot. Rund um Puerto Varas kann man mit Blick auf Vulkane, den Llanquihue-See oder Wasserfälle durch die Wälder sausen *(Turismo Ayacara, Puerto Montt, www.ayacara.cl)*.

▶▶ NACHHALTIG URLAUBEN

Aus Liebe zur Natur

In die Wildnis der Anden entführt *Campo Aventura*. Der Veranstalter im Cochamó-Tal ist auf Ökotrips im nördlichen Patagonien spezialisiert – ob zu Pferd, mit dem Kajak oder in Wanderschuhen. Ziel ist nicht nur, die Schönheit der Region kennenzulernen, sondern auch etwas über die Natur und die Bewohner zu erfahren – und so zu ihrem Schutz beizutragen *(San Bernardo 318, Puerto Varas, www.campoaventura.cl, Foto)*. Versteckt im Maipo-Canyon im kleinen Ort San Alfonso ist ein Wegbereiter des chilenischen Ökotourismus zu Hause. *Cascada de las Ánimas* organisiert nachhaltige Touren in dem Tal. Übernachtungsgäste finden Quartier in von Hand gebauten Holzhütten oder auf einem Campingplatz – Pool und Restaurant fehlen auf dem weitläufigen Gelände allerdings auch nicht *(Casilla 57, San Alfonso, www.cascada.net)*.

▶▶ WEINGUT

Dinieren in den Weinbergen

In den meisten Restaurants wird der Wein passend zum Essen ausgewählt. Auf Chiles Weingütern ist es genau andersrum. Die Weinbauern bieten auf ihren Gehöften nicht nur das richtige Ambiente, sondern auch die Speisen passend zu ihren Weinen. Bei *Miguel Torres* kommt gehobene internationale Küche und Wein aus dem Curicó-Tal auf den Tisch *(Panamericana Sur, km195, Curicó, www.migueltorres.cl)*. Im Maipo- und dem Casablanca-Tal wachsen die Trauben für das Gut *Viña Indómita*. Passend zu den roten und weißen Weinen kocht Oscar Tapia internationale Speisen aus regionalen Produkten und lässt die hauseigenen Weine in seine Menüs einfließen *(Ruta 68, km 6, www.indomita.cl)*. Im Restaurant *Equilibrio* des Gutes *Viña Matetic* steht Chefkoch Matías Bustos für die schmackhaften Genüsse am Herd. Die korrespondierenden Pinot Noirs und Syrahs stammen aus dem sehenswerten Keller des Hauses. Führungen finden täglich statt *(Fundo Rosario, Lagunillas, Casablanca, www.mateticvineyards.com, Foto)*!

> ALLENDE, KUPFER UND KAP HOORN

Ein kleines Kaleidoskop mit Wissenswertem zu Land und Leuten, Geschichte und Politik

ALLENDE

Die Figur des schnauzbärtigen Präsidenten mit der Hornbrille, der sich am 11. September 1973 im brennenden, von Putschisten umstellten Regierungspalast La Moneda das Leben nahm, spaltet die Chilenen bis heute. Salvador Allende Gossens (geb. 1908), Arzt, Senator, „Anwalt der Armen" aus bürgerlichem Hause, war 1970 als weltweit erster Marxist auf demokratischem Weg an die Macht gekommen. Der Präsident der Volksfront wollte beweisen, dass der Sozialismus auf friedlichem Wege, dem *Camino Chileno*, erreichbar war. Doch das war in der Zeit des Kalten Krieges eine Illusion. Der gemäßigte Allende stand auf verlorenem Posten: von der Rechten mit Unterstützung der USA wütend bekämpft, von der radikalen Linken sabotiert. Wirtschaftskrise, Massen-

Bild: Alpakas im Parque Nacional Lauca

STICH WORTE

streiks und Versorgungsmisere taten das ihre, den Boden für den Militärputsch zu bereiten.

ANDEN

Die Anden oder Kordilleren bilden das Rückgrat Südamerikas. Das Kettengebirge wurde erst in jüngster geologischer Zeit (im Tertiär) durch die Kollision der Ostpazifischen mit der Südamerikanischen Platte aufgefaltet. 150 aktive Vulkane – darunter mit 6000 m die höchsten der Erde – und periodisch auftretende Erdbeben erinnern daran, dass die gewaltigen Platten nach wie vor in Bewegung sind. Das schwerste Erdbeben der Neuzeit (9,5 auf der Richterskala) hatte 1960 sein Epizentrum bei Valdivia. Im Februar 2010 zerstörte ein Beben der Stärke 8,8 die Region zwischen Curicó und Concepción, die anschließende Flutwelle machte zahlreiche Siedlungen an der Küste dem Erdboden gleich. Fast 600 Menschen starben, 800 000 Menschen verloren ihr Dach über dem Kopf.

FAMILIE

Wer einmal den Alltag einer chilenischen Familie erlebt, kann das Staunen lernen. Da steht plötzlich die Schwiegermutter unangemeldet in der Tür und mischt sich in der Küche ein; da lassen sich die Kinder noch mit Ende 20 bemuttern und denken gar nicht daran auszuziehen; da trifft sich die ganze Sippe selbstverständlich am Sonntag zum Grillen. Auch wenn sich die traditionell sehr engen Bande allmählich lockern – die Familie bildet nach wie vor das Rückgrat der chilenischen Gesellschaft. Dazu gehören nicht nur Vater, Mutter, Kinder, sondern der komplette Clan mit Großeltern, Onkeln, Tanten, Cousins und Cousinen und auch die in der Mittelklasse obligatorische *nana*, die als Haushälterin, Köchin und Kindermädchen häufig mit im Haus wohnt. In einer Gesellschaft, deren soziales Netz große Löcher aufweist, ist die Solidarität der Großfamilie wichtig: Da borgt man dem bankrotten Schwager Geld, da verhilft man der arbeitslosen Nichte mit *pitutos* (guten Beziehungen) zu einem Job, da lässt man den geschiedenen Vetter monatelang im Wohnzimmer schlafen …

FLORA UND FAUNA

Die fünf unterschiedlichen Großlandschaften stellen auch fünf sehr unterschiedliche Biotope dar: Im Norden herrscht die Wüsten- und Gebirgsvegetation mit den vier andinen Kamelarten Lama, Alpaka, Guanako und dem zierlichen, zimtfarbenen Vikunja vor. Raubvögel wie der Andenkondor und Flamingos bevölkern die Trockensteppen und Salzseen. An der fischreichen Pazifikküste sind Guanovögel und Pelikane zu sehen. Mit zunehmender Niederschlagsmenge sind in Mittel- und Südchile Waldtiere wie Füchse, Wildkatzen (u. a. Pumas) und die scheuen Andenrehe und -hirsche heimisch. Zahlreiche endemische Vogelarten bevölkern die Täler und Seen, darunter Felsensittiche, Ibisse und Falken. An den Küsten Patagoniens tummeln sich Seelöwen und Pinguine, Seeschwalben und Raubmöwen.

In botanischer Hinsicht ist Chile besonders interessant. Übermannshohe Kakteen und Dornengewächse sind für die Wüste charakteristisch. Die Urwälder im Süden vermitteln eine Vorstellung davon, wie es in Europa zur Zeit der Germanen ausgesehen haben mag: riesige Baumfarne, bemooste Baumstämme, unheimliche Sümpfe. Südeiche, Südbuche und Südzypresse sind genetisch nicht mit ihren europäischen Namensgebern verwandt. Die schirmförmige Araukarie mit ihren Kandelaberästen und der tausendjährige, kerzengerade Alerce-Baum haben schon bessere Zeiten gesehen. Die einstmals ausgedehnten Urwälder mussten vielerorts Viehweiden oder monotonen Kiefernplantagen weichen. Den Raubbau an der Natur bremsen vor allem die 94 Nationalparks und Naturreservate, die insgesamt rund 14 Mio. Hektar Land schützen – immerhin fast ein Fünftel der gesamten Staatsfläche.

HUMBOLDT-STROM

So heißt jener kalte Meeresstrom, der aus dem Südpazifik kommend die lateinamerikanische Westküste bestreicht. Wie der (warme) Golfstrom im Atlantik funktioniert auch der Humboldt-Strom wie eine gigantische Klimamaschine. Die kalten, nährstoffreichen Wassermassen sorgen für Fischreichtum und Morgennebel an der Küste und für Niederschläge an den Andenhängen. In periodischen Abständen – ca. alle acht Jahre – wird der Humboldt-Strom durch eine starke Warmwasserdrift aus dem Westen von der Küste abgelenkt. Das Phänomen, *El Niño* („das Kind") genannt, bringt das Pazifikklima durcheinander und sorgt für Trockenheit in Indonesien und Sintfluten in Chile und Peru.

KAP HOORN

Das „Ende der Welt", das zu einem berüchtigten Seemannsgrab wurde, hatten die Holländer Willem Cornelisz Schouten und Jakob le Maire 1616 entdeckt. Um die Südspitze Chiles, wo Pazifik und Atlantik aneinanderstoßen, tosen die Stürme. Hier liegen ca. 800 Schiffswracks begraben. Bis zum Bau des Panamakanals mussten Handelsschiffe, die Häfen an der amerikanischen Pazifikküste anlaufen wollten, ums Kap herumsegeln. Das war für jeden Kapitän eine Feuertaufe, die, einmal bestanden, dazu berechtigte, der (2003 aufgelösten) Bruderschaft der Kap-Hoorniers anzugehören.

Die Südspitze Chiles ist der größte Schiffsfriedhof der Erde: Schiffswrack bei San Gregorio

KUPFER

Chiles Schicksal hängt noch immer am Kupferdraht. Die Minen liefern mit ca. 6 Mio. t ein Drittel der Weltproduktion des kostbaren Metalls, wovon jedes zweite Gramm in der Elektroindustrie eingesetzt wird. Seit 100 Jahren bestimmt der Kupferpreis das Schicksal Chiles; noch heute beruht der Löwenanteil der Exporteinnahmen (ca. 35 Prozent) auf Kupfer.

PATRIOTISMUS

„Viva Chile, mierda!" – „Es lebe Chile, verdammt noch mal!". Der

Präsidentenpalast La Moneda in Santiago

Schlachtruf wird bei allen möglichen und unmöglichen Gelegenheiten skandiert: im Fußballstadion, bei politischen Demonstrationen oder beim Liedfestival. Die Chilenen lieben ihr Land über alles und finden auch mal abfällige Worte über ihre Nachbarn. Vielfach übertüncht der so zur Schau getragene Patriotismus einen Minderwertigkeitskomplex. Er hat seine Wurzeln in der jahrhundertelangen Bedeutungslosigkeit des armen Landes weitab vom Weltgeschehen. Daher die neidvolle Orientierung am alten Europa und an den USA, daher der Stolz auf bescheidene Erfolge: den Aufstieg zum Schwellenland, die Miss Universe 1987, den Einzug ins Achtelfinale der Fußball-WM 2010. Und das ganze Land stand Kopf, als die Tennisstars Massú und González 2004 die ersten olympischen Goldmedaillen für Chile holten.

PINOCHET

Sein Bild als finsterer Putschist mit Stahlhelm und Sonnenbrille ging am 11. September 1973 um die Welt. General Augusto Pinochet Ugarte ging brutal gegen die Anhänger des gestürzten Präsidenten Allende vor. Mehr als 3000 Regimegegner wurden ermordet, 100 000 Chilenen gingen ins Exil. Erst nach 17 Jahren Diktatur gab Pinochet dem Druck nach und trat ab. Doch er hatte vorgesorgt: Bis 1998 blieb er Heereschef, und eine Selbstamnestie verhinderte die Sühnung der meisten Diktaturverbrechen. Nur in wenigen Fällen wurden hohe Militärs vor Gericht gestellt und verurteilt. Pinochet selbst wurde 1998 in einer Londoner Klinik verhaftet, und nur seine Altersdemenz rettete ihn vor der Auslieferung nach Spanien, wo er wegen Menschenrechtsverbrechen angeklagt war. Doch das Eis war gebrochen: Zurück in Chile, wurden mehrere Verfahren gegen ihn eröffnet. Als er 2006 starb, war er wegen zuvor entdeckter Geheimkonten auch bei vielen einstigen Anhängern in Ungnade gefallen.

POLITIK

Chiles Regierung beruhte von 1990 an auf einer Mitte-Links-Koalition der Christdemokraten (DC), der Sozialisten (PS), der Sozialdemokraten (PPD) und weiterer Kräfte, die sich 1988 als *Concertación* gegen die Militärjunta zusammengeschlossen hatten. Alle Präsidenten der Koalition führten das von Pinochet übernommene neoliberale Wirtschaftsmodell fort, versuchten es jedoch sozial abzufedern. 2010 gewann erstmals eine Koalition der rechten Parteien RN und UDI die Wahl, und der Unternehmer Sebastián Piñera übernahm die Regierung. Mit einem Privatvermögen von über einer Milliarde Dollar gehört er zu den zehn reichsten Regierungschefs der Welt.

UREINWOHNER

700 000 Chilenen sind indianischer Abstammung. Die meisten (87 Prozent) gehören zum Volk der Mapuche („Menschen der Erde"), von den spanischen Eroberern auch Araukaner genannt. Die Halbnomaden behaupteten sich bis Mitte des 19. Jhs. südlich des Río Bío Bío. Dann wurden auch sie besiegt und verdrängt.

Die meisten Mapuche-Familien leben heute in Reservaten in Südchile oder in Randbezirken Santiagos. Seit dem Ende der Militärdiktatur rebellieren

Mapuche-Frauen in Tracht

die Mapuche zunehmend gegen Diskriminierung und fordern das Land ihrer Vorfahren zurück. Auf dem Altiplano und in den Wüstenoasen Nordchiles leben noch ca. 75 000 Aymara, Quechua und Atacameños. 4600 Osterinsulaner gehören zur polynesischen Ethnie Rapa Nui. Ona, Yagan und Alakaluf, die Ureinwohner Südpatagoniens, haben das Vordringen der Weißen nicht überlebt.

CUECA, RODEO UND MASKENFESTE

Katholische Zeremonien, indianische Bräuche, weltliche Spektakel

> Die katholische Kirche hat dem Festkalender ihren Stempel aufgedrückt – und muss wie anderswo der Säkularisierung ihrer Feiertage zusehen. Für die Chilenen, mit 15 Urlaubstagen pro Jahr nicht gerade reich gesegnet, ist jedweder Feiertag zunächst ein willkommener Anlass, dem Alltag über ein langes Wochenende zu entfliehen – egal, ob nun der Unbefleckten Empfängnis oder der Seeschlacht von Iquique gedacht wird. Wirklich wichtig sind eigentlich nur zwei Feste: der Nationalfeiertag *Dieciocho* im September und Weihnachten.

In Nordchile haben die Ureinwohner die katholischen Riten und Prozessionen in ihre stampfenden Maskenfeste integriert – eine faszinierende Synthese (siehe Juli). Ansonsten feiern die Chilenen eher bodenständig als ausgelassen – der Karneval hat es nie über die Anden geschafft.

◼ OFFIZIELLE FEIERTAGE ◼

1. Jan. *Neujahr; Ostern* (nur Karfreitag ist arbeitsfrei); **1. Mai** *Tag der Arbeit;* **21. Mai** *Seeschlacht von Iquique;* *29. Juni *Peter und Paul;* **16. Juli** *Jungfrau Carmen;* **15. Aug.** *Mariä Himmelfahrt;* **18. Sept.** *Unabhängigkeitstag;* **19. Sept.** *Tag des Heeres;* ***12. Okt.** *Entdeckung Amerikas;* ***31. Okt.** *Tag der ev. und protestantischen Kirchen;* **1. Nov.** *Allerheiligen;* **8. Dez.** *Mariä Empfängnis;* **25. Dez.** *Weihnachten* (* Diese Feiertage werden auf den jeweils nächsten Montag verlegt)

◼ FESTE ◼

Januar

Theatermonat: In Santiago laufen die besten Aufführungen des abgelaufenen Jahres. *www.stgoamil.cl*

Musikwochen: Renommierte Klassikfestspiele in Frutillar am Ufer des Llanquihue-Sees (Ende Jan./Anf. Feb.). *www.sema nasmusicales.cl*

Februar

Tapati: Volksfest auf der Osterinsel mit Tanz, Sängerwettstreit und Ethno-Triathlon (Ende Jan./Anf. Feb.). `Ins Ti`

▶▶ *Festival de Viña:* internationales Schlagerfest in Viña del Mar (Mitte Feb.).

> EVENTS
FESTE & MEHR

März

Vendimia: Weinlesefest in den Winzer-hochburgen, am besten das in Curicó. Hier werden Trauben barfuß gestampft und die Weinköniginnen mit Flaschen abge-wogen (Mitte–Ende März).

Rodeo: Beim nationalen Stiertreiber-Finale in Rancagua werden die besten *huasos* gekürt und mit einem zünftigen Volksfest gefeiert (Ende März/Anfang April). *www.huasosyrodeo.cl*

Tipp

April/Mai

▶▶ *Cumbre Guachaca:* Oktoberfest auf chilenisch in der Hauptstadt Santiago: mit viel Folklore, viel Tanz und noch mehr Rotwein bis zum Morgengrauen. *www.guachacas.cl*

Juli

Fiesta de La Tirana: Das einsame Wüsten-nest bei Iquique füllt sich mit 100 000 Pilgern aus dem ganzen Land, die der Jungfrau Carmen huldigen. Aymara-Tanz-gruppen stampfen mit Tubas, Trommeln und Teufelsmasken tagelang durch die staubigen Straßen (12.–18.7.). Ähnliche Feste gibt es auch noch in vielen anderen Dörfern Nordchiles zu unterschiedlichen Zeitpunkten.

September

Mes de la Patria: Im „Monat des Vater-lands" schmücken sich Häuser und Autos mit Nationalflaggen, und rund um den Nationalfeiertag *Dieciocho* (18.9.) wird in Festzelten landauf, landab die chilenische *cueca* getanzt – bis am Abend doch die Salsa-Scheiben aufgelegt werden. Dazu gibt es *empanadas* (Teigtaschen) und *anticuchos* (Fleischspieße), und *chicha* (Federweißer) und *tinto* (Rotwein) flie-ßen in Strömen.

Dezember

Año Nuevo: Hunderttausende pilgern zu Silvester nach Valparaíso, um von einem der Hügel aus eine gute Sicht auf das bombastische Feuerwerk über der Ha-fenbucht zu haben.

> MUSCHELN, WEIN UND ALLERLEI SÜSSE SACHEN

Frische Feld- und Meeresfrüchte liefern die Grundlage für eine gute, bodenständige Hausmannskost

> Berge spottbilliger Artischocken und Avocados (hier: *paltas)*, duftende Chirimoyas und Kaktusfrüchte, zuckende Seeaale, Krabben und Felsenmuscheln: Beim Schlendern über einen *mercado* läuft Besuchern das Wasser im Mund zusammen.

Die Marktschreier preisen zu Recht die vielfältigen Ingredienzen der chilenischen Küche. Die übt sich freilich in Bescheidenheit: Ihre Gaumenfreuden verstecken sich in einer euro-

päisch geprägten Speisekarte, die wenigen Nationalgerichte sind mehr Hausmannskost als Haute Cuisine. Das Meer vor der über 5000 km langen Küste liefert frischen Fisch vom Feinsten: *congrio* (Seeaal), *reineta* (eine Art Flunder), *corvina* (Adlerfisch) und *salmón* (Lachs), wobei Letzterer meist aus Netzen von Zuchtfarmen stammt. Über 500 000 t der rosafarbenen Filets gehen jährlich tiefgefroren oder geräuchert in den

Bild: Ananas-Verkäuferin auf der Osterinsel

ESSEN & TRINKEN

Export. Zubereitet wird Fisch meist in der Pfanne *(frito)* oder auf dem Grill *(a la plancha)*, raffinierter schon *al pil pil* (mit Knoblauchsoße) oder *a la margarita* – in einer unwiderstehlich köstlichen Muschelsoße. Noch faszinierender ist die Vielfalt der Meeresfrüchte: Ins Auge fallen etwa die rotzangige *jaiva* (Seekrebs) oder die patagonische *centolla* (Königskrabbe). Roh mit Zitrone geschlürft werden *ostras* (Austern) und *ostiones* (Kammmuscheln). Andere Muscheln, wie *almejas, machas* und *choritos,* werden kurz gekocht bzw. gedünstet.

Trotz all dieser Meeres-Leckerbissen darf für viele Chilenen beim Essen eine ordentliche Portion Fleisch nicht fehlen. Rind und Huhn dominieren die Speisekarten, in der Schafzuchtregion Patagonien findet man auch Gerichte mit Lammfleisch *(cordero).* Der Holzkohlegrill *(parrilla)* gehört untrennbar zu Familienfesten und Ausflügen; dabei bezeichnet *asado* sowohl das Fleisch als auch den geselligen Anlass. Meer und Land vereinen sich in einem urwüchsigen Gericht Südchiles, das manchmal noch wie einst im Erdloch mit heißen Steinen zubereitet wird: dem *curanto*. Eine echte Spezialität ist auch *pastel de choclo*, ein gehaltvoller Maisauflauf, der gern mit Zucker überbacken wird. Und wenn es mal schnell gehen soll, holen Sie sich eine *empanada* (Teigtasche) oder ein *sandwich*: Das schmeckt noch im einfachsten Stehrestaurant um Klassen besser als bei McDonald's.

> SPEZIALITÄTEN

Genießen Sie die typisch chilenische Küche!

caldillo de congrio – von Pablo Neruda besungene Seeaalsuppe

carne mechada – gespicktes Rindfleisch

cazuela de ave/de vacuno – sättigender Hühner- oder Rindfleischeintopf

ceviche – roher Fisch an Limone, Zwiebeln und Koriander

chupe de mariscos – dicke Muschelsuppe

curanto – Muscheleintopf mit Fisch, Kartoffeln, Fleisch und Wurst

empanada de horno/frita – gebackene/frittierte Teigtaschen, mit Fleisch, Muscheln oder Käse gefüllt (Foto)

ensalada chilena – Salat aus Tomaten und Zwiebeln

humitas – Maiswickel, am besten mit Tomatensalat

lomo a lo pobre – „Armeleutesteak", nämlich so feudal wie möglich mit Pommes frites, Schmorzwiebeln und Spiegelei

longaniza – kräftige Schlackwurst

machas a la parmesana – mit Käse überbackene Miesmuscheln

mote con huesillos – Erfrischungsgetränk mit Dörrpfirsichen und gequollenem Weizen

paila marina – klare Suppe mit Fisch und ganzen Meeresfrüchten

parrillada – Fleisch vom Grill

pastel de choclo – Maisauflauf mit Hackfleisch, Huhn, Ei, Rosinen und Oliven

pastel de jaivas – Krabbenauflauf

pebre/chancho en piedra – scharfe Tunke aus *ají* (Chile-Pfeffer), Knoblauch und Koriander, milder mit Tomaten statt *ají*

pisco sour – Traubenschnaps mit Limonen, Zucker und Eiweiß

plateada – butterweich gekochtes Rindfleisch

porotos granados – Bohneneintopf mit Mais und Kürbis

schop – Fassbier (0,5 l)

sopaipillas – Kürbisküchlein

vaina – Mix aus Portwein, Wermut, Kakao und Ei

ESSEN & TRINKEN

Spätestens zum Nachtisch mögen es die Chilenen überaus süß, ob Torten, Gebäck oder die von den deutschen Einwanderern mitgebrachten *kúchenes*. Ohne *manjar* – eine klebrig-braune Paste aus eingekochter Kondensmilch – kommt kein Konditor aus. Ein Tipp: Bestellen Sie Ihren Kaffee oder Fruchtsaft ohne Zucker *(sin azúcar)*, und süßen Sie selbst!

Meist zu süß statt „sauer" wird auch der Cocktail *pisco sour* serviert – Achtung, ein Kalorienhammer! Der beliebte Aperitif basiert auf dem klaren Traubenschnaps Pisco, der in Nordchile gebrannt wird. Zum Essen sollten Sie dann statt des meist faden Fassbiers einen chilenischen Wein bestellen: einen der herrlich trockenen Weißen *(blanco)* zu Fisch und Meeresfrüchten bzw. einen kräftigen Roten *(tinto)* zu Fleisch oder Pasta. Chile hat es mit seinen hervorragenden und zugleich preiswerten Tropfen mittlerweile zum fünftgrößten Weinexporteur der Welt gebracht. Den größten Anteil haben die Modetrauben Cabernet Sauvignon und Merlot (beide rot), bei den Weißweinen Chardonnay und Sauvignon Blanc. Letzthin experimentieren die Kellereien auch mit den Traubensorten Syrah, Malbec und vor allem Carménère, einer Rebsorte, deren Stöcke nur in Chile „überlebt" haben.

Viele Restaurants tragen dem Boom mit einer vielseitigen Weinkarte Rechnung, leider fehlt es oft noch an fachkundiger Beratung. Wenn es etwas Besseres sein soll, achten Sie bei Rotwein auf die Qualitätsbezeichnung „Reserva", die die längere Lagerung im Eichenfass an-

gibt. Und vielleicht können Sie auf einem Weingut oder in einem guten Lokal mal einen der Premiumweine probieren: etwa den legendären Don Melchor von Concha y Toro, den Newcomer Alpha M von Montes oder den soliden Casa Real von Santa Rita.

Vorsicht ist beim Kaffee nach dem Essen geboten: Einfache Lokale servieren oft nur lauwarmen löslichen

Chilenischer Wein ist im Kommen

Kaffee, und auch dort, wo eine Espressomaschine steht, sollte man keine zu hohen Ansprüche stellen.

Die chilenischen Tischgewohnheiten ähneln übrigens denen der Spanier: Es beginnt mit einem eher kargen Frühstück *(desayuno)*, gefolgt von einem späten Mittagessen *(almuerzo*, gegen 14 Uhr). Am Nachmittag wird eine *once* genannte Vesper eingelegt – wenn Zeit dazu ist – und am späten Abend (meist erst nach 20 oder 21 Uhr) ein warmes Abendessen *(cena)* eingenommen.

DIE SCHÄTZE DER ANDEN

Zur Erinnerung ein funkelnder Bergkristall oder ein weicher Alpakapullover

> Das beste Souvenir können Sie nirgendwo kaufen – das sind Ihre Eindrücke von der Reise. Denn Ledergürtel, -hüte und -taschen: Wo in der Welt bekommt man das nicht? Aber die Sandrose, den Quarzit, den blauen Gipskristall, den Sie zufällig in der Atacamawüste gefunden haben, die Riesenkrebsschere vom Strand (oder vom Teller) – das sind allemal bessere Fundstücke als irgendein Modeschmuck aus der Hotelboutique.

■ KUNSTHANDWERK

Es gibt Holzgeschnitztes, Strohgeflochtenes und Getöpfertes aller Art. Die zahlreichen Märkte *(ferias artesanales)* haben in ganz Chile ein ähnliches Sortiment, und fast überall können Sie handeln. Hochwertiges Kunsthandwerk gibt es im *Pueblito Los Dominicos (Av. Apoquindo 9085)* in Santiago, das schon wegen seines einnehmenden Ambientes einen Besuch lohnt. Authentische Arbeiten finden Sie im Indianermarkt neben dem Eingang zum *Cerro Santa Lucía (Alameda/Miraflores)*.

Erlesenes Kunsthandwerk aus ganz Chile zu Fair-Trade-Preisen vertreibt die Stiftung *Artesanías de Chile (Av. Bellavista 0357 | www.artesaniasdechile.cl)*. Raffinierte Fusionen aus moderner Kunst und traditionellem Handwerk werden in mehreren Läden im Viertel Bellavista angeboten, etwa im *Patio Bellavista (Pío Nono 73)* oder im *Künstlerhaus Constitución 8 (auch Sa/So geöffnet)*. Besonders schöne Erinnerungsstücke sind Duplikate der Diaguita-Keramik aus der Zeit um 900–1400 n.Chr., die Sie u.a. im *Museo Precolombino (Bandera 361 | Santiago)* erstehen können.

■ MUSIK

Wer auf der Reise die chilenische Folklore lieben gelernt hat und den Daheimgebliebenen ein melancholisches Liebeslied von Víctor Jara oder eine volkstümliche Ballade von Violeta Parra vorspielen will, kann sich in einem Plattenladen (z.B. *Feria del Disco,* in allen Stadtzentren und Malls) mit den Standards eindecken. Ein breiteres Angebot von Inti Illimani über

> EINKAUFEN

Congreso bis zu Folkrockbarden wie Joe Vasconcellos findet sich in Spezialläden wie *Chilenmúsica (Constitución 8 | Bellavista | Santiago)*. Dort gibt's auch Aufnahmen populärer Rockbands wie Los Tres oder Los Prisioneros sowie chilenischen Jazz, z.B. mit Marraqueta oder Cristián Cuturrufo.

■ SCHMUCK

Nur in Chile und Afghanistan kommt der blaue Halbedelstein Lapislazuli vor. Eingelegt in elegantes Gold- und Silber-Geschmeide wird Lapislazuli in zahlreichen Werkstattläden auf der *Avenida Bellavista* in Santiago angeboten, ebenso im *Patio Bellavista (s. oben)*. Dort bleibt das Auge auch hängen an fein ziselierten Ohrgehängen aus Silber und Bast, vielfarbigen Ketten aus Keramik oder Natursamen und Silberringen mit eingelegten Holz- oder Natursteindessins.

■ WEIN & PISCO

Beeindrucken können Sie die Lieben daheim immer mit einer hochprozentigen

Flasche Pisco (Traubenschnaps) oder einem Kistchen Rotwein, möglichst mit der Qualitätsbezeichnung *Reserva*. Eine sehr gute Auswahl erlesener chilenischer Tropfen hält *El Mundo del Vino* bereit (*Isidora Goyenechea 3000 | Santiago | www.elmundodelvino.cl*). In Holzkistchen zu je zwei oder drei Flaschen bekommen Sie den Wein problemlos und unfallfrei nach Hause (*Zollbeschränkungen siehe S. 107*).

■ WOLLE

Ein schönes und praktisches Souvenir zugleich ist ein handgefertigtes Kleidungsstück, am besten bei der Weberin oder Strickerin selbst erworben: im Norden die Ponchos und bestickten Blusen der Indianer, die Schals und Pullover aus Alpaka- und Vikunjawolle, im Süden die wetterfesten Pullover aus patagonischer Schafwolle. Und wer preisbewusst ist, der lässt sich seinen Anzug aus bester Schurwolle in Chile schneidern (z.B. in Santiago bei *Monferrato | Av. El Bosque Norte 0222*).

> MONDLANDSCHAFTEN MIT VULKANKEGELN

Die trockenste Wüste der Welt lebt: Lamas und Flamingos tummeln sich an Salzseen und Lagunen

> Chiles Norden ist ein bizarrer Ort für das Gespräch mit der Erde. Er überwältigt zuallererst mit seinen Dimensionen. Endlose Geröllfelder und Sanddünen ziehen am Busfenster vorbei. Dabei ist die Atacamawüste, einer der trockensten Orte der Welt, alles andere als monoton. Die Kräfte der Erde haben eine abwechslungsreiche Landschaft geformt, und die ewige Sonne taucht die zerklüfteten Gefilde mal in grelles Flimmern, mal in rötlichen Glanz.

Staubbleiche, unter den Wüstenwind geduckte Hütten zeigen die spärliche Präsenz des Menschen an. Siedlungen konzentrieren sich um die Kupferminen und -häfen, in den fruchtbaren Flusstälern und den grünen Oasen.

Alle paar Jahre, wenn sich mit dem Klimakobold El Niño Regenwolken in die Atacama verirren, sprießen plötzlich die im Wüstensand schlummernden Pflanzensamen und zaubern bunte Blütenteppiche ins graugelbe

Bild: Salzsee auf dem Altiplano

DER NORDEN

Einerlei: ein Fest, nicht nur für Botaniker! Der *Desierto Florido* lässt sich nach Winterregen im September/Oktober und am besten zwischen Copiapó und La Serena beobachten. Die Wüste ist eingebettet zwischen Pazifik und Küstenkordillere sowie dem Altiplano, der grünen Hochebene auf über 4000 m, über der schneebedeckte Vulkane aufragen. Einsame Felsenstrände locken ebenso wie verlassene Salpeterminen und Geysire.

ANTOFAGASTA

[115 D6] Die Hafenstadt (300 000 Ew.) entstand erst Ende des 19. Jhs. mit dem Salpeterboom. Der Hafen ist der größte zwischen Callao (Lima/Peru) und Valparaíso; über ihn werden die Erze aus Bolivien und Nordchile verschifft. Antofagasta hat für Touristen eher wenig zu bieten, eignet sich aber gut als Ausgangspunkt für Touren in die Atacamawüste. Antofagastas Wahrzeichen, das *Felsentor La Portada*, ragt 15 km nördlich des Zentrums aus dem Pazifik.

■ SEHENSWERTES

BARRIO HISTÓRICO

Im *Barrio Histórico*, der Altstadt um die Plaza Colón und den Hafen, sind alte Verwaltungsgebäude und windschiefe Magazine aus der Salpeterzeit

Museo del Desierto als größter Attraktion. Die Schau spannt den Bogen von Fossilien aus der Urzeit über die Geschichte des Bergbaus bis zu den modernen Teleskopen des Nordens. Highlight ist der Prototyp eines Marsroboters, den die NASA in der Atacamawüste testete. *Di–So 10–13, 14.30–19 Uhr | Eintritt 3 Euro | www.frh.cl*

Felsentor im Meer: La Portada, Antofagastas Wahrzeichen

zu bewundern. Dazu kommen der *Uhrturm* (eine Big-Ben-Kopie), die *Kathedrale* von 1917, das alte *Zollhaus (Aduana*, 1866) und das interessante *Regionalmuseum (Di–Fr 9–17, Sa/So 11–14 Uhr).*

PARQUE CULTURAL HUANCHACA

In den imposanten Ruinen einer Silberschmelze des 19. Jhs. am Südrand von Antofagasta entstand diese Anlage mit dem 2010 eingeweihten

■ ESSEN & TRINKEN

ANTOFAGASTA

Restaurant im gleichnamigen Hotel mit Blick auf den alten Hafen; gediegene Küche, schönes Ambiente. *Balmaceda 2575 | Tel. 55/22 88 11 | €€*

CLUB DE YATES

Mit Blick auf die Hafenbucht können Sie die köstlichen Früchte des Meeres genießen. *Balmaceda 2705 | Tel. 55/48 55 53 | €€€*

> www.marcopolo.de/chile

■ ÜBERNACHTEN ■

ANTOFAGASTA 🔊

Bestes Stadthotel am alten Hafen, mit eigenem Strand. *230 Zi. | Balmaceda 2575 | Tel. 55/22 88 11 | www.hotel antofagasta.cl | €€*

■ ZIELE IN DER UMGEBUNG ■

OBSERVATORIUM PARANAL [116 B1]

Very Large Telescope (VLT) ist geradezu ein bescheidener Name für die geballte Hochtechnologie, die von dem 2600 m hohen Wüstenberg Cerro Paranal 130 km südlich von Antofagasta Besitz ergriffen hat. Die Anlage schaltet vier Hohlspiegel von je 8,20 m Durchmesser und drei Hilfsteleskope zum weltweit leistungsfähigsten Observatorium zusammen. Gesteuert aus der Zentrale der europäischen Astronomie-Organisation ESO in Garching bei München, erlaubt es einen tiefen Ein- bzw. Rückblick ins Universum – bis kurz nach dem Urknall. Wer Paranal besuchen will, muss sich rechtzeitig anmelden: Der Ansturm an den seltenen Besuchstagen – jeweils die beiden letzten Wochenenden des Monats *(Sa/So 14 Uhr, außer Dez.)* – ist groß, die Anfahrt muss selbst organisiert werden. Reservierungen: *www.eso.org* (online) oder unter *Tel. 55/43 53 35.*

SALPETERMINE CHACABUCO ⭐ [115 E5]

Silbern gleißt die „Pampa des toten Indianers" unter der sengenden Mittagssonne. Plötzlich ragen Wassertürme, Schornsteine und Abraumhalden aus dem Nichts. Der Wind rüttelt an den Wellblechschuppen und bläst Staub über die Gräber mit den schiefen eisernen Kreuzen. *Oficina Salitrera Chacabuco:* In dieser Stadt hausten einmal 4000 Menschen. Jetzt wird sie nur noch von einem einsamen Wärter bewacht. Chacabuco steht unter Denkmalschutz; das ist unter anderem dem Goethe-Institut zu danken. Einst war diese Oficina eine moderne Salpetermine mit Stadtpark, Theater, Kirchen und Kantinen, spartanischen Arbeiterquartieren und den Villen der Direktoren. Die Turbinen, Pumpen, Kompressoren und Kessel der Raffinerie liegen als Gekröse im Schutt, die Gleise der Verladestation führen ins Niemandsland. Chacabuco

MARCO POLO HIGHLIGHTS

⭐ **Salpetermine Chacabuco**
Rostiges Denkmal für eine wilde Zeit
(Seite 33)

⭐ **Parque Nacional Lauca**
Flamingos spiegeln sich im Wasser,
Lamas grasen in der 4000 m hoch
gelegenen Steppe (Seite 36)

⭐ **Kupfermine Chuquicamata**
Einblick in den größten Tagebau der Welt
(Seite 38)

⭐ **Valle del Elqui**
Bei Dichtern, Sonnenanbetern und
Schnapsbrennern (Seite 44)

⭐ **Tatio-Geysire**
Zum Sonnenaufgang brodelnde Dampf-
fontänen zwischen Andenriesen
(Seite 47)

⭐ **Valle de la Luna**
Mondlandschaft mit rot glühenden
Salzfelsen (Seite 47)

gleicht einer verlassenen Wild-West-Kulisse. Als der Abbau nicht mehr lohnte, versank die Anlage in einen Dornröschenschlaf, aus dem sie erst die Militärdiktatur unsanft weckte: Sie richtete hier ein Gefangenenlager ein. Chacabuco liegt nur wenige Hundert Meter von der Gabelung der Nationalstraßen 5 (Panamericana) und 25 (nach Calama) entfernt. *Mi bis Sa 10–17, jeden 2. So 10–19 Uhr | Eintritt 1,50 Euro | Führungen anmelden: www.corporacionchacabuco.cl | Wasser und Sonnenschutz nicht vergessen!*

ARICA

[115 D1] **Chiles nördlichste Stadt (175 000 Ew.) liegt nur 18 km von der Grenze zu Peru (zu dem es bis 1880 gehörte) entfernt. Über ihren Hafen verschifft Bolivien, seit es im Salpeterkrieg (1879–84) den eigenen Zugang zum Meer verlor, einen Teil seiner Erzexporte. Der Ort hat schon bessere Zeiten gesehen,** so z.B. als im 16. bis 18. Jh. die Silberschätze aus Potosí von Maultierkarawanen nach Arica gebracht und auf spanische Karavellen geladen wurden, und als Anfang des 20. Jhs. der Salpeterboom und die Eisenbahn nach La Paz (1913) für Aufschwung sorgten. Heute mischt sich träges Hafenambiente mit dem leicht verlotterten Flair einer Grenzstadt, die ihre Unansehnlichkeit hinter Palmen und Hibiskussträuchern zu verstecken sucht. Über allem thront der *Morro*, Aricas gelbbrauner Stadtfelsen, den die Chilenen 1880 erstürmten und dessen ✤ Aussichtsplattform einen **Ins Ti** schönen Überblick über Stadt und Hafen gestattet. Zu Füßen des Morro, an den Stränden *El Laucho* und *La Lisera*, lockt die sanfte Dünung ganzjährig zum Wellenbad im Pazifik.

◼ SEHENSWERTES ◼◼◼

BAHNHOF

Von dem putzigen Bahnhof fuhr früher der legendäre, inzwischen einge-

Ungewöhnlich: Die Iglesia San Marcos ist eine Gusseisenkonstruktion

stelle *Ferrobus* nach Bolivien ab. Auf dem Vorplatz steht ein deutsches Dampfross (1924) mit Zahnrädern für die steilen Andenpässe.

IGLESIA SAN MARCOS
Gustave Eiffel lässt grüßen. Das eiserne neogotische Gotteshaus liegt oberhalb des Hafens und besteht aus Fertigbauteilen der berühmten Pariser Eisenschmiede. *Plaza Colón*

MUSEO ARQUEOLÓGICO SAN MIGUEL
Das bedeutendste archäologische Museum in Nordchile liegt 13 km außerhalb im grünen Azapa-Tal. Hier sind die ältesten menschlichen Mumien zu besichtigen, und liebevoll gestaltete Dioramen vermitteln ein anschauliches Bild von der Lebenswelt der ersten Volksstämme in Nordchile. Sammeltaxis zum Museum ab Chacabuco/Ecke Lynch. *Jan./Feb. tgl. 9–20, März–Dez. 10–18 Uhr | Tel. 58/20 55 55 | www.uta.cl/masma*

MUSEO HISTÓRICO Y DE ARMAS
Das Museum liegt auf dem *Morro*, dem Hausberg von Arica, und dokumentiert die blutige Schlacht im Salpeterkrieg. Der Aufstieg lässt sich bequem in etwa 15 Minuten bewältigen. *Tgl. 8–21 Uhr*

■ ESSEN & TRINKEN ■
LOS ALEROS DEL 21
Vor allem Fisch und Meeresfrüchte kommen hier auf den Teller und, natürlich, Empanadas. *21 de Mayo 736 | Tel. 58/25 46 41 | €€*

MARACUYÁ
Hier können Sie bei frischer Seebrise Meeresfrüchte genießen; nicht ganz billig. *San Martín 0321 | Tel. 58/ 22 76 00 | €€*

■ ÜBERNACHTEN ■
ARICA 🔊
Nummer eins in Arica, an einem Ministrand südlich der Stadt. Gutes Restaurant, Tennisplatz, Pool. *114 Zi. | San Martín 599 | Tel. 58/25 45 40 | www.hotelarica.cl | €€€*

BAHÍA CHINCHORRO 🔊
Mit eigenem Strand, im Zentrum, Bungalowstil. *25 Zi. | Av. Luis Berreta Porcel 2031 | Tel. 58/26 06 76 | www.bahiahotel.cl | €*

EL PASO PARK 🔊
Bungalows in einem Park neben dem Casino, gutes Restaurant. *120 Zi. | Av. General Velásquez 1109 | Tel. 58/ 23 08 08 | www.hotelelpaso.cl | €€*

■ FREIZEIT & SPORT ■
STRÄNDE/SURFEN
Die ▶▶ Strände nördlich von Arica (*Playa Brava, Chinchorro, Las Machas*) sind bei den Einheimischen populär, aber wegen starker Strömung nicht ungefährlich. Surfen gut! Die besten Wellen gibt es von April bis August. Info und Unterkunft: *Arica Surf House O'Higgins 661 | Tel. 58/ 31 22 13 | www.aricasurfhouse.cl*

■ AUSKUNFT ■
CLINAMEN
Deutschsprachige Agentur. *Tel. 58/ 31 32 89 | www.clinamen.cl*

CONAF
Informationen über die Nationalparks. *Vicuña Mackenna 820 | Tel. 58/20 12 00 | www.conaf.cl*

■ ZIELE IN DER UMGEBUNG ■

ALTIPLANO-RUNDFAHRT [115 E1–2]

Insider Tipp

Die raue Schönheit des Altiplano erschließt sich am besten auf einer

Aymara-Frau beim Spindeln

Rundfahrt durch die vier großen Schutzgebiete auf über 4000 m Höhe. Vom *Parque Nacional Lauca* führt eine Schotterpiste durch die endlose Weite, vorbei an einer Galerie stolzer Sechstausender und einsamen Indiodörfern mit schmucken Steinkirchen. Vikunjaherden machen dem Namen der *Reserva Nacional Las Vicuñas* alle Ehre, und mitten im riesigen Kessel des Surire-Salzsees nisten Hunderte rosaroter Flamingos. Heiße Naturthermen und Geysire gehören zu den Highlights der Tour, die schließlich durch den *Parque Nacio-*

nal Volcán Isluga und wieder hinunter in die Wüste nach Iquique oder Arica führt.

Angesichts einer kaum vorhandenen touristischen Infrastruktur bleibt diese Fahrt Abenteuerlustigen vorbehalten, die für drei, vier Tage auf jegliche Bequemlichkeit verzichten können. Sie benötigen ein geländegängiges Fahrzeug, ausreichend Benzin und Verpflegung sowie warme Kleidung und Schlafsack. CONAF unterhält einfache Schutzhütten am Lago Chungará, am Salar de Surire und in Isluga. Holen Sie vorher bei CONAF in Arica Informationen ein oder buchen Sie bei einer Agentur die ganze Tour mit einem ortskundigen Führer.

PARQUE NACIONAL LAUCA ⭐ [115 E1–2]

200 Straßenkilometer und 4500 Höhenmeter liegen zwischen Arica am Pazifikrand und dem Altiplano, jener andinen Hochebene, die sich von Peru und Bolivien weit in den chilenischen Norden hineinzieht. In das Länderdreieck schmiegt sich mit dem Nationalpark Lauca ein Naturschutzgebiet, dessen grandiose Erhabenheit ihresgleichen sucht.

Schon der Beginn der Fahrt ist spektakulär; die Piste schraubt sich an Geoglyphen (geheimnisvollen Erdzeichnungen früherer Kulturen) und gigantischen Schutthängen vorbei durch das ❄ *Lluta-Tal*. Nach 140 km ist *Putre* erreicht, ein prähispanischer Ort mit hübschen Steinhäusern im Kolonialstil und einer Kirche aus dem 17. Jh. Es gibt ein paar schlichte Pensionen und die neue, gepflegte *Terrace Lodge* (7 Zi. | Tel. 58/58 42 75 | www.terracelodge.com | €).

Oberhalb von Putre beginnt der *Nationalpark Lauca.* Von ewigem Schnee bedeckte Sechstausender, darunter die majestätischen Vulkane Parinacota (6342 m) und Pomerape (6282 m), spiegeln sich im *Lago Chungará,* mit 4570 m einer der höchstgelegenen Seen der Erde, an dessen Ufern sich Nandus, Flamingos und weitere 130 Vogelarten tummeln. Lamas weiden die Moose und Flechten ab, die scheuen Vikunjas sind selten zu sehen.

Agenturen in Arica bieten die Fahrt zum Lago Chungará und zu dem pittoresken Andendorf *Parinacota* als Tagestour an: ein Höhenschock! Nehmen Sie sich lieber mehr Zeit und passen Sie sich – z.B. mit einer Übernachtung in Putre – allmählich an die dünne Luft an.

CALAMA

[115 E5] Die staubige Bergbaustadt (140 000 Ew.) liegt auf einem Hochplateau (2200 m) inmitten weitläufiger, wüstenhafter Bergketten. Calama ist Zwischenstation für Touren in die *Atacamawüste* und zur *Kupfermine Chuquicamata,* selbst aber arm an Sehenswertem. Wer kann, sollte dem tristen Wildwest-Flair der Stadt bald den Rücken kehren.

■ ESSEN & TRINKEN ■

BAVARIA

Altmodisch, aber gut für Lunch und kleinere Mahlzeiten. *Sotomayor 2093 | Tel. 55/34 14 96 | €*

PATAGONIA

Fleisch vom Grill, Fisch und Salate, gut sortierter Weinkeller, gehobene Preise. *Granaderos 2549 | Tel. 55/34 16 28 | €€€*

■ ÜBERNACHTEN ■

PARKHOTEL CALAMA 🎵

Hotel mit Komfort, Pool, Bar und Restaurant; recht teuer. *Camino Aeropuerto 1392 | Tel. 55/44 77 00 | Fax 31 99 01 | www.parkcalama.cl | €€*

LICAN ANTAI 🎵

Freundlicher Service, gutes Frühstück, mit Reisebüro und Autovermietung im Hotel. *Ramírez 1937 | Tel. 55/34 16 21 | reservashotellicanantai @123mail.cl | €€*

■ AUSKUNFT ■

CORPORACIÓN DE TURISMO

Städtisches Informationsbüro. *Latorre 1689 | Tel. 55/53 17 07*

An den hoch gelegenen Andenseen leben häufig Flamingos

■ ZIELE IN DER UMGEBUNG ■

CASPANA [115 F5]

Nach einer langen Fahrt (ca. 70 km) durch die graubraune Wüstenlandschaft ist das saftige Grün des Oasendorfes Caspana eine Wohltat für die Augen. Der malerische Ort liegt auf 3300 m Höhe, eingeklemmt in einer Felsenschlucht, die wie eine Miniaturausgabe des Grand Canyons wirkt. Die 500 Bewohner leben in kleinen Steinhäusern und bauen auf Terrassen Gemüse und Blumen an, die sie auf dem Markt in Calama verkaufen. Sehenswert sind der alte Teil des Dorfes, die Kirche und ein kleines Museum. Wer eine kurze Wanderung nicht scheut, kann sich in der Nähe jahrtausendealte Felsgravuren anschauen. Fragen Sie im Restaurant des Ortes oder im Laden nach einem ortskundigen Führer. Auf dem Rückweg sollte man der schön restaurierten Lehmziegelkirche von *Chiu Chiu* (33 km östlich von Calama) einen Besuch abstatten.

KUPFERMINE

CHUQUICAMATA ⭐ [115 E5]

4,3 km lang, 3 km breit und 825 m tief: Gut 10 km nördlich von Calama klafft das größte Loch der Welt: der Tagebau Chuquicamata, von den Kumpeln liebevoll „Chuqui" genannt. Von seiner Talsohle karren Mammut-Kipplader mit 3 m hohen Rädern das Mineral zur Schmelze, ringsum wachsen die Abraumhalden. Die Bergarbeitersiedlung neben der Kupfermine ist eine Geisterstadt, da wegen der Umweltbelastung alle Einwohner nach Calama umgesiedelt wurden. *Kostenlose Bus-Besichtigungstouren durch die Minenanlagen*

Mo–Fr 13.30 Uhr | Voranmeldung erforderlich: Tel. 55/32 21 22 | visitas@codelco.cl

COPIAPÓ

[116 B4] Zwischen Weinbergen und Olivenhainen gelegen, träumt die Wüstenstadt (100 000 Ew.) von dem Silberrausch, der sie Mitte des 19. Jhs. erfasste. Aus dieser Epoche stammen auch die stattlichen Bürgerhäuser und die Gleisanlagen der ersten Eisenbahn Chiles, die Copiapó mit der Hafenstadt Caldera verband. Ein Dampfross aus dieser Zeit (1851) ist im Hof der Bergbauakademie ausgestellt.

■ SEHENSWERTES ■

KIRCHEN

Sehenswert die *Holzkathedrale* an der Plaza Prat, 1840–51 im neuklassischen Stil mit 1,30 m dicken Balkenmauern errichtet. Auch andere Kirchen wie die *Iglesia de Belén* oder die *Iglesia San Francisco* sind schöne Beispiele der Zimmermannskunst.

■ ESSEN & TRINKEN ■

CAFÉ HAITÍ ▶▶

Café an der Plaza im Centro Comercial Plaza Real, beliebter Treffpunkt für junge Leute und eilige Esser. €

EL LEGADO

Erlesene Zubereitungen mit Meeresfrüchten, Strauß und Wildschwein. *O'Higgins 12 | Tel. 52/52 38 95 | €€*

■ ÜBERNACHTEN ■

LA CASONA 🔊

Freundliches Hotel mit Kolonialflair. *10 Zi. | O'Higgins 150 | Tel. 52/21 72 78 | www.lacasonahotel.cl | €€*

CHAGALL

Passables Vier-Sterne-Hotel im Zentrum von Copiapó mit gediegenem Komfort. *34 Zi. | O'Higgins 760 | Tel. 52/35 29 00 | www.chagall.cl | €€€*

■ AUSKUNFT ■

SERNATUR
Los Carrera 691 | Tel. 52/21 28 38 | infoatacama@sernatur.cl

■ ZIELE IN DER UMGEBUNG ■

CALDERA [116 A3]

In der 72 km von Copiapó entfernten Hafenstadt (14 000 Ew.) sind noch die Zweckbauten (u. a. die Eisenbahnstation und Lagerhallen) des Silberbooms zu besichtigen. Außerdem lässt sich im benachbarten Badeort **Bahía Inglesa** ein erfrischendes Bad im Pazifik nehmen – manchmal sogar in der Gesellschaft von Seelöwen. Die Playa Las Machas, die sich südlich vom Ortskern kilometerweit anschließt, wartet mit feinem, weißem Sand auf. Zahlreiche Pensionen für die Sommerfrische stehen bereit. Empfehlenswert ist z. B. das *Apart-Hotel Rocas de Bahía* mit eigenem Strand und Pool *(42 Zi. | Av. El Morro | Tel. 52/31 60 05 | www.rocasdebahia.cl | €€).*

PARQUE NACIONAL NEVADO TRES CRUCES [116 C3]

Wer die Hochanden-Landschaften bei Arica oder San Pedro de Atacama verpasst hat, der findet bei Copiapó Ersatz. In einer langen Tagestour (Gesamtstrecke von Copiapó hin und zurück ca. 530 km) mit einem geländegängigen Fahrzeug kann man den *Parque Nacional Nevado Tres Cruces* erkunden, eine wilde, men-

Wüstenfuchs im Parque Nacional Nevado Tres Cruces

schenleere Weite auf über 4000 m Höhe, in der nur Flamingos, Guanakos und Wüstenfüchse leben. Der Blick schweift über flirrende Salzebenen und türkisfarbene Bergseen hinweg auf das Spalier imposanter Fünf- und Sechstausender, darunter der *Ojos del Salado*, mit 6893 m Chiles höchster Berg.

PARQUE NACIONAL PAN DE AZÚCAR [116 A3]

Ein besonderes Biotop schützt dieser Nationalpark 110 km nördlich von Caldera. Wo das Graubraun der bis zu 800 m hohen Küstenkordillere auf das Blaugrün des Pazifik trifft, gedeihen dank des Küstennebels zahlreiche Pflanzenarten. Vor allem für Kakteenfreunde ist der Besuch ein Fest: Mehr als 20 Arten trotzen hier dem Wüstenklima, ebenso wie Guanakos und Füchse. Rund um die vorgelagerte Insel *Pan de Azúcar* (Bootstouren) tummeln sich Humboldt-Pinguine, Robben und Seeotter. Im Park gibt es ein Informationszentrum, Wanderwege, zwei Zeltplätze und ein paar *cabañas* (€€). Vom nächsten größeren Ort *Chañaral* (24 km) gehen Tagestouren in den Park, übernachten kann man dort in der etwas nüchternen *Hostería Chañaral (Miller 268 | Tel. 52/48 00 55 | €€)*.

IQUIQUE

[115 D3] **Der Name bedeutet auf Aymara: „Rast und Ruhe". Damit war es vorbei, als man in der Umgebung begann, Salpeter abzubauen.** Aus dieser „goldenen Zeit" (1880–1920) stammen die Holzpaläste der Neureichen und das prunkvolle Theater. Heute stinkt es in der Hafenstadt Iquique (215 000 Ew.) nicht nach Geld, sondern bisweilen nach Fischmehl, und zur Freihandelszone pilgern die Schnäppchenjäger, um elektronischen Ramsch einzukaufen.

■ SEHENSWERTES ■

AVENIDA BAQUEDANO

Die Hauptstraße der Altstadt wurde liebevoll restauriert: Auf hölzernen Gehsteigen flaniert man an zweistöckigen Balustradenhäusern entlang. Der Palast eines Salpeterbarons, der *Palacio Astoreca*, ist heute Museum *(unregelmäßig geöffnet)*. Die Belle Époque beschwört auch die Plaza Prat mit *Glockenturm*, maurisch inspiriertem *Centro Español* und *Teatro Municipal* aus Holz und Stuck *(Besichtigung tgl. 9–21 Uhr)*.

PLAYA CAVANCHA ▶▶

Die Avenida Baquedano geht nahtlos in die innerstädtische Strandpromenade über. Miami lässt grüßen: Surfer, Seelöwenshow und Kasino.

■ ESSEN & TRINKEN ■

EL TERCER OJITO

Asiatisch inspirierte Fusionsküche, schöner Innenhof. *Mo geschl.* | *Lynch 1420 | Tel. 57/42 65 17 | €€€*

EL WAGÓN

Regionale Spezialitäten im Holzpalast eines Salpeterbarons. *Thompson 85 | Tel. 57/34 14 28 | €€*

Insi Ti

■ ÜBERNACHTEN ■

ARTURO PRAT ⌇

Direkt an der Plaza, bessere Zimmer im neuen Teil. *92 Zi.* | *Aníbal Pinto 695 | Tel. 57/41 33 30 | www.hotelar turoprat.cl | €€*

BACKPACKER'S HOSTEL 📶
Jugendherberge in Strandnähe. *Amunátegui 2075 | Tel. 57/32 02 23 | www.hosteliquique.cl* | €

HOSTERÍA CAVANCHA 📶
Der Klassiker: alle Zimmer mit Meerblick; gutes Restaurant. *80 Zi. | Los Rieles 250 | Tel. 57/43 48 00 | www. hotelcavancha.cl* | €€

■ **ZIEL IN DER UMGEBUNG** ■

HUMBERSTONE/SANTA LAURA [115 D3] *Insider Tipp*

Die beiden verfallenen Geisterstädte aus der Salpeterzeit sind heute nur noch (eindrucksvoller!) Industrieschrott in der Wüste. Die Häuser der Ingenieure stehen noch so da, als seien sie eben gerade und nicht schon vor 40 Jahren verlassen worden. *47 km östlich von Iquique*

Industrieschrott im Wüstensand bei Humberstone und Santa Laura

TERRADO SUITES 📶
Hotelturm auf der Halbinsel Cavancha, bestes Hotel am Ort. *91 Zi. | Tel. 57/36 39 00 | www.terrado.cl* | €€€

■ **AUSKUNFT** ■

CIVET ADVENTURE
Touren auf den Altiplano, deutschsprachig. *Bolivar 684 | Tel. 57/ 42 84 83 | civetcor@ctcinternet.cl*

LA SERENA

[116 A6] „Die Heitere" (150000 Ew.) an der Mündung des Río Elqui in den Pazifik ist Chiles zweitälteste Stadt; gleich nach ihrer Gründung durch die Spanier (1544) wurde sie allerdings von den Indios erst einmal überrannt. 1549 ließ Francisco de Aguirre sie erneut aufbauen. Das andalusische Gepräge des heutigen Zentrums geht jedoch nicht auf den berüchtigten Konquistador, sondern auf den Staatspräsidenten Gabriel González Videla zurück, der seiner Heimatstadt in den 1940er-Jahren eine „koloniale Renaissance" verordnete. Daneben finden sich in der Stadt, die längst mit dem nahen Bade- und Hafenort Coquimbo zusammengewachsen ist, rund zwei Dutzend alter Kirchen, zumeist aus dem 17. und 18. Jh.

■ SEHENSWERTES ■

MUSEO ARQUEOLÓGICO

Im Archäologischen Museum sind eine Keramiksammlung aus der Diaguita-Kultur (9.–15. Jh.) sowie ein

>LOW BUDGET

> Mehr als nur eine preiswerte Unterkunft: *La Chakana,* von Deutschen geführtes Hostel in Putre mit einem „lebenden Museum", wo Aymara-Indios ihre Kultur zeigen. *DZ 50 Euro | Tel. 09/97 45 95 19 | www.la-chakana.com*

> In der Hochsaison kann es in San Pedro de Atacama schwierig werden, preiswert abzusteigen. Ein guter Tipp ist das *Hostal Vilama,* eine nette, einfache Herberge. *DZ ab 34 Euro | Láscar 346/Ecke Toconao | Tel. 55/85 11 80 | http://hostalvilama.blogspot.com*

> Thun-, Tinten-, Sonnenfisch: Auf dem Mercado von Coquimbo kann man die Vielfalt der Pazifikwesen bestaunen und mit Blick auf den Ozean preiswert Ceviche kosten, Austern schlürfen und Fisch essen. *11 km südlich von La Serena (Stadtbusse)*

echter Osterinsel-Moai zu bewundern. *Di–Do 9.30–18, Sa 10–13, 16 bis 19 Uhr | Córdovez/Cienfuegos*

■ ESSEN & TRINKEN ■

DONDE ELBITA/GLADYS

Zwei rustikale Fisch- und Muschellokale am Ende der Uferstraße. *Av. del Mar | km 7 | €*

MERCADO LA RECOVA

Rustikal speisen mit Blick auf das bunte Treiben der Markthalle. Mehrere Lokale im Obergeschoss. *Tgl. | Cienfuegos/Cantournet | €*

■ ÜBERNACHTEN ■

FRANCISCO DE AGUIRRE ◈

Stilvolle Mittelklasse. *90 Zi. | Córdovez 210 | Tel. 51/22 29 91 | reservas @hotelfranciscodeaguirre.tie.cl | €€*

HOTEL LONDRES ◈

Zentral gelegenes, klassisches Stadthotel mit geräumigen Zimmern. *28 Zi. | Córdovez 550 | Tel. 51/21 90 66 | www.hotellondres.cl | €–€€*

EL PUNTO ◈

Gemütliches Hostal, hilfsbereite deutsche Besitzer. *11 Zi. | Andrés Bello 979 | Tel. 51/22 84 74 | www.punto.de | €*

■ AUSKUNFT ■

TALINAY ADVENTURE EXPEDITIONS

Prat 470 | Tel. 51/21 86 58 | www.talinaychile.com

■ ZIELE IN DER UMGEBUNG ■

ISLA DAMAS   [116 A5]

Großtümmler zeigen neben dem Boot ihre Sprungkünste, vom Ufer schauen Pinguine neugierig zu: Das Naturschutzgebiet *Pingüino de Humboldt* vor der Felsenküste 120 Straßenkilometer nördlich von La Serena bietet die Gelegenheit, seltene Meerestiere in ihrer natürlichen Umgebung zu erleben – mit etwas Glück sogar Buckelwale! Am einfachsten per organisierter Tagestour ab La Serena *(ca. 35 US$)*.

Voranmeldung besuchen, so das Interamerikanische Observatorium *Cerro Tololo (90 km von La Serena | Tel. 51/20 52 00 | ctiorecp@noao.edu)* und die Europäische Südsternwarte *La Silla (150 km | Tel. 2/463 30 00 | www.ls.eso.org).* Besucherfreundlicher zeigt sich das *Observatorio Las Campanas (156 km)*, das auch kurz-

Surreale Szenerie: Observatorium La Silla im Abendlicht

OBSERVATORIEN   [116 B5]

Über 300 extrem klare Sternennächte über der Wüste machen's möglich: Zwischen La Serena und Antofagasta richten einige der modernsten astronomischen Observatorien der Welt ihre Teleskopaugen ins Universum. Gewöhnliche Sterbliche können die faszinierenden High-Tech-Anlagen allerdings nur an bestimmten Tagen und nach wochen- oder monatelanger

fristig Neugierige empfängt, allerdings nur samstags 14.30 bis 17.30 Uhr bei Anmeldung einige Tage im Voraus *(Tel. 51/20 73 01* oder *Fax 20 73 08)*. Die Fahrt lässt sich am besten mit einem Reisebüro organisieren. Einfacher ist der Blick in die Sterne im Lehrobservatorium *Mamalluca* bei Vicuña im Valle del Elqui (siehe auch Kapitel „Mit Kindern unterwegs").

TONGOY [116 A6]

Der im Südsommer viel besuchte Badeort (3400 Ew.) 50 km südlich von La Serena liegt malerisch auf einer felsigen Halbinsel zwischen schier unendlich erscheinenden Stränden *(Playa Grande* im Süden: 14 km). Tongoy bietet viele Unterkünfte – vom Campingplatz über kleine Familienhotels bis zu Bettenburgen. Empfehlenswert sind das *Hotel Panorámico* mit Doppelzimmern und Apartments, alle mit Meerblick *(Av. Mirador 745 | Tel. 51/ 39 19 44 | www.hotelpanoramico.cl | €€),* und die *Hostería Tongoy (Av. Costanera 10 | Tel. 51/39 12 03 | www.hosteriatongoycosta.cl | €€).*

VALLE DEL ELQUI ★ [116 A–B6]

Geduckte Lehmziegelhäuser in Ocker und Rot, spitze Kirchtürme zwischen Papayaplantagen, Weinfelder, die an den Kakteenhängen nach oben drängen, ringsum kahle Wüstenberge: Im Valle del Elqui wird wie im Bilderbuch illustriert, wie Menschen seit Jahrtausenden versucht haben, sich in der Wüste zu behaupten. Das Elqui-Tal wurde bereits in vorchristlicher Zeit von den Diaguita besiedelt, die ein effizientes Anbausystem mit Terrassen und Bewässerungskanälen entwickelten. Erhalten sind ihre schönen Keramikarbeiten, die man u.a. im *Gabriela-Mistral-Museum* in Vicuña besichtigen kann.

In Montegrande liegt das Grab von Gabriela Mistral (1889–1957), der mit dem Nobelpreis gekrönten Dichterin, die ihr Heimattal in Poesie gegossen hat. Geboren wurde sie in Vicuña, dem Hauptort des Tals (km 62). Ihr Geburtshaus ist heute Museum *(Mo–Fr 10–18, Sa 10.30–18, So 10–13 Uhr).* Wenige Meter weiter

> BLOGS & PODCASTS
Gute Tagebücher und Files im Internet

- > *www.contactchile.de* – Informatives, viel besuchtes Forum rund um Chile (auf „Forum" klicken).
- > *www.trekkingchile.com/DE/trek king-my_hike.php* – *My Hike* („Meine Wanderung") bietet Berichte über Ausflüge und Wanderungen durch Chile in Bild und Text.
- > *www.picaflor.de* – Täglich aktualisierter Blog mit Nachrichten und Beobachtungen aus Chile.
- > *www.chilecita.net* – Aktuelle Trends aus Chiles Kultur- und Gastronomieszene.

- > *www.abenteuerstufe2.de* – Eindrücke einer in Santiago lebenden Deutschen.
- > *www.ms-unger.de/chile* – Interessante Porträts deutscher Einwanderer in Chile.
- > *www.montt-blog.blogspot.com* – Scharfsinnig-vergnügliche Kolumnen rund um Chile und die Chilenen.
- > *www1.swr.de/podcast/xml/swr2/ lateinamerika.xml* – Interessante journalistische Beiträge des SWR (Süd-West-Rundfunks) über Chile zum Downloaden.

Für den Inhalt der Blogs & Podcasts übernimmt die MARCO POLO Redaktion keine Verantwortung.

bietet die *Casa Madariaga*, ein original erhaltener Familiensitz im Kolonialstil, Einblick in die Lebensweise im 19. Jh. *(tgl. 10–19 Uhr)*.

Seinen Ruhm verdankt das Valle del Elqui allerdings eher handfesten Genüssen: Die hier angebauten Trauben werden zu Pisco gebrannt, dem chilenischen Nationalschnaps. Mehrere Destillerien im Tal stehen Besuchern offen; z.B. *Fundo Los Nichos,* die älteste Brennerei (gegründet 1868), 4 km südlich von Pisco Elqui *(Mo–So 11–17 Uhr | Tel. 51/ 45 10 85)*.

Von Montegrande führt das geheimnisvolle *Valle de Cochiguaz* ab, ein Tal, in dem sich zahlreiche Esoteriker, Sonnenanbeter und UFO-Gläubige niedergelassen haben. Wer die Ankunft einer fliegenden Untertasse abwarten will, dem steht im schmucken ▶▶ *Pisco Elqui* eine breite Auswahl an Unterkünften zur Verfügung, viele mit Pool, Restaurant und spirituellen oder Wellness-Angeboten; so das gepflegte Bungalowhotel *El Tesoro de Elqui* (10 Zi. Arturo Prat s/n | Tel. 51/451069 | *www.tesoro-elqui.cl* | €– €€) oder das originellen Kuppelzelte des „Astrohotels" *Elqui Domos* (7 Zi. Tel. 51/21 14 53 | *www.elquido mos.cl* | €€– €€€).

SAN PEDRO DE ATACAMA

[115 F5] Schon die etwa anderthalbstündige (Bus-)Fahrt von Calama nach San Pedro de Atacama stimmt den Besucher auf die biblische Landschaft ein. Man fährt durch eine steinig-staubige, graugelbe, manchmal rötlich glitzern-

de Wüste, in der Luftspiegelungen geisterhafte Seen entstehen lassen. Bald zeigen sich die schneebedeckte Andenkette im Osten und voraus die glänzende Fläche des Salzsees von Atacama.

Kirche von San Pedro de Atacama

San Pedro de Atacama ist ein beliebter Fluchtpunkt für wüstensüchtige Aus- und Umsteiger aus Europa geworden. Das attraktive Oasendorf (2000 Ew.) gruppiert seine gedrungenen Lehmziegelhäuser um die schöne, weiß gekalkte Kirche im Kolonialstil mit einer Decke aus Kakteenholz im schlichten Inneren. Wer Glück hat, kommt zu einem der Heiligenfeste mit Tänzen und Prozessionen in die Flussoase. Zwei Dutzend Reiseveranstalter bieten Touren in die Umgebung an. Auf der Hauptstraße *Caracoles* liegen mehrere Kunstgewerbeläden neben zahlreichen netten Lokalen im Adobestil, wo man abends romantisch am Feuer sitzen und stimmungsvoll und gut essen kann.

■ SEHENSWERTES ■

MUSEO ARQUEOLÓGICO PADRE LE PAIGE

Das nach dem belgischen Pater und Archäologen benannte Museum zeigt die Kultur der Atacameños aus der Zeit vor der Inka-Besatzung. Die berühmten Mumien werden aus Respekt vor den Ureinwohnern nicht mehr ausgestellt. *Calle Padre Le Paige | Mo–Fr 9–18, Sa/So 10–18 Uhr*

PUKARÁ DE QUITOR

3 km nördlich thront über dem Río San Pedro eine z.T. restaurierte Festung aus dem 12. Jh. Hier wurden 1540 die Inka-Verteidiger von einem Haufen berittener Spanier überrannt. Schöner Morgenspaziergang!

■ ESSEN & TRINKEN ■

CASA DE PIEDRA ▶▶

Hier bekommen Sie gute Hausmannskost, abends wird manchmal Livemusik geboten. *Caracoles 225 | €*

PAACHÁ

Bestes Restaurant im Ort, erlesenes Lamm vom Grill. *Im Hotel Kimal | Atienza 452 | Tel. 55/85 10 30 | €€*

■ ÜBERNACHTEN ■

ALTIPLÁNICO

Oberklassehotel in Adobe-Design, Pool, Ausflugsangebote. *32 Zi. | Atienza 282 | Tel. 55/85 12 12 | www. altiplanico.cl | €€€*

LA CASA DE DON TOMÁS ⌇

Rustikal, freundlicher Service. *30 Zi. | Tocopilla | Tel. 55/85 10 55 | www. dontomas.cl | €€€*

LODGE TERRANTAI ⌇

Luxusherberge mit gutem touristischem Programmangebot. *17 Zi. | Tocopilla 411 | Tel. 55/85 10 45 | www.terrantai.com | €€€*

TULOR

Gut geführt, geräumige Zimmer, Restaurant. *10 Zi. | Atienza 523 | Tel. 55/ 85 10 27 | www.tulor.cl | €€€*

■ AUSKUNFT ■

AZIMUT 360

Caracoles 66 | Tel. 55/85 14 22 | www.azimut.cl

■ ZIELE IN DER UMGEBUNG ■

ALTIPLANO-LAGUNEN   [115 F6]

Über die Andendörfer Toconao und Socaire geht es auf die Hochebene. Die Piste wird immer steiler und holpriger, bis sich von einem Höhenrücken ein malerischer Anblick bietet: zwischen goldgelbem Büschelgras liegen zwei tiefblaue, von weißer Salzkruste umrandete Seen, dahinter erheben sich Vulkane mit Eiskappen. Die Lagunen *Miscanti* und *Meñiques* (4100 m) lohnen den harten Tagestrip, zumal die Tour meist noch den grün schimmernden *Salar de Talar* anfährt.

SALAR DE ATACAMA   [115 E–F6]

Auf dem endlos scheinenden Salzsee (3000 km²), dessen Nordufer 40 km südlich von San Pedro liegt, haben die Naturkräfte bizarre Salzschollen, -spitzen und -spiegel geschaffen. Die Salzkruste ist durch die Verdunstung zu scharfkantigen Placken aufgeworfen, und ab und zu knackt es wie auf einem zugefrorenen See. Der Besuch wird meist per Halbtagstour ab San Pedro in Kleinbussen organisiert. Unterwegs hält man in der verträumten Siedlung *Toconao* (Kirche mit origineller Kaktustür) und an der *Quebrada de Jerez*, einer paradiesischen Flussoase.

TATIO-GEYSIRE ★ [115 F5]

Sie speien inmitten einer unwirklichen Vulkanlandschaft auf 4300 m Höhe pünktlich zum Sonnenaufgang ihre heißen Dämpfe aus. Früh aufstehen ist angesagt: Die Anfahrt auf Sand- und Schotterpisten (am einfachsten per organisierter Tour) dauert 3–4 Stunden. Winterkleidung anlegen, es herrscht hier Eiseskälte! Die vergisst man aber schnell angesichts der zischenden Dampffontänen in der von Andenriesen umstandenen Hochsteppe.

VALLE DE LA LUNA ★ [115 F5]

Die Kulisse der in allen Farben schillernden Nadelspitzen und Salzberge könnte jederzeit für einen surrealen Sciencefictionfilm herhalten. Das „Mondtal" mit seinen bizarren, in der Abendsonne rot glühenden Sand- und Felsformationen trägt seinen Namen mit vollem Recht. Nur 15 km von San Pedro entfernt, lässt es sich bequem am späten Nachmittag per Kleinbus-Tour und – sportliche Fitness vorausgesetzt – noch besser per Mountainbike besuchen.

Brodelnde Naturgewalten: Die Tatio-Geysire speien heiße Dämpfe

> CHILES KONTRASTE ALLE NAH BEIEINANDER

Weinberge, Skipisten, Badestrände, Naturwälder – rund um die Hauptstadt Santiago wird alles geboten

> **Theoretisch haben die Chilenen viel Platz, doch über 11 Mio., das sind drei Viertel von ihnen, drängen sich in der Zentralzone auf nur 15 Prozent der Landesfläche – in einem Gebiet, das vom Río Aconcagua im Norden bis zum Río Bío Bío im Süden reicht und mit 115 000 km² immer noch größer ist als Portugal.**

Der Drang zur Mitte hat seine Ursachen: Die Längssenke zwischen Küstenbergland und Hochkordillere war seit jeher ein bevorzugtes Sied-

lungsgebiet, weil sie durch das sonnige Klima, die fruchtbaren Böden und die ganzjährige Bewässerung aus den Anden begünstigt wird. Auf den Feldern gedeihen die Mandarinen, Melonen, Kürbisse und Kartoffeln, die in Santiago auf den Tisch kommen. Die weiter rasch wachsende Metropole sitzt hier wie eine fette Spinne im Netz. Das mediterrane Klima, die Orangenhaine, die Weinberge und die Obstplantagen, die

Bild: Santiago de Chile, Stadtteil Providencia

DIE MITTE

verträumten Kolonialdörfer und die schneebedeckten Gipfel erinnern an Andalusien und die Sierra Nevada – nur dass die Natur hier weniger domestiziert ist und sich gelegentlich durch Erdbewegungen unangenehm bemerkbar macht.

Reisende finden hier, im Herzen Chiles, aber schon alles auf kleinem Raum beisammen, was das Land so liebenswert macht: die hohen Kandelaberkakteen des Nordens und die ersten Urwälder des Südens, gewaltige Gletscher und rauchende Vulkane, schäumende Wildwasserflüsse und endlose Felsenstrände. Unmittelbar östlich der Hauptstadt eröffnet sich ein auch höchsten Ansprüchen genügendes Ski- und Wanderparadies, 100 km westlich locken die pazifischen Badestrände, nebenan verströmt Valparaíso Hafenromantik, und in Santiago selbst tobt das kosmopolitsche, urbane Leben.

SANTIAGO

KARTE IN DER HINTEREN UMSCHLAGKLAPPE

[114 B4–5, 117 E–F4] Santiago de Chile, die Hauptstadt des Landes, liegt zu Füßen der Anden und nicht nur geografisch in der Mitte von Chile. Sie ist der Angelpunkt,

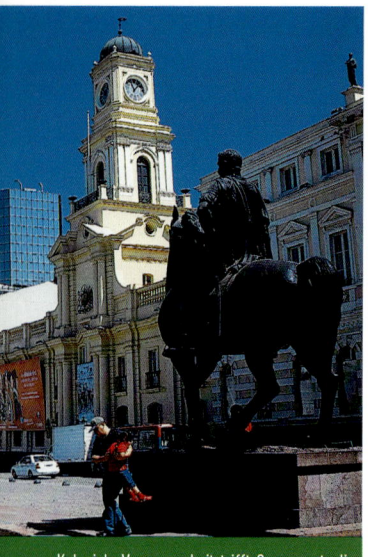

Koloniale Vergangenheit trifft Gegenwart: die Plaza de Armas in Santiago

um den sich alles dreht – schließlich leben in der Región Metropolitana 40 Prozent der Bevölkerung des Landes, rund 6 Mio. Menschen. Hier schlägt das Herz der Nation, und neben der mächtigen, selbstbewussten Metropole mit ihrem kulturellen Reichtum verblassen alle anderen Städte. Gleichwohl protzt die Hauptstadt nicht mit spektakulären Touristenattraktionen. Sie speist ihr unaufdringliches Flair aus dem Kontrast zwischen ehrwürdigen Palais und lärmenden Straßenmärkten, zwischen gepflegten Villen und kühnen Wolkenkratzern, zwischen dem Häusermeer und dem dahinter aufragenden Schneegebirge. Ein paar Tage sollte man für Santiago schon einplanen. Ein abendlicher Bummel durch das Künstlerviertel *Lastarria* ~~Insi Tir~~ mit seinen Kneipen und Galerien gehört ebenso dazu wie ein Mittagessen im Zentralmarkt.

Von den Zeiten, da Pedro de Valdivia 1541 Santiago gründete, ist nicht viel geblieben. Die Santiaguinos haben sich, so scheint es, nie groß um die Vergangenheit gekümmert. Verheerende Erdbeben taten das ihre, die Spuren der Kolonialzeit zu verwischen. Heute spürt man eher den Geist von Manhattan. Santiago wächst mit Glaspalästen in die Höhe und breitet sich weiter in alle Richtungen aus. Im Unterschied zu vielen anderen südamerikanischen Metropolen glänzt die Stadt durch Sauberkeit und ein effizientes Metronetz.

■ RUNDGÄNGE ■

STADTZENTRUM　　　　[U B–C3–4]

Ausgedehnte Fußgängerzonen erleichtern den Bummel durch das Herz der Stadt. Die *Plaza de Armas* ist der Salon von Santiago; an ihr liegen die Kathedrale, das Rathaus, die Hauptpost und das Historische Museum *(Museo Histórico Nacional)*. Unter den Arkaden und dem bronzenen Pedro de Valdivia hoch zu Ross plauschen die Alten, flirten die Jungen, lernt der Nachwuchs das Gehen. Von dort gelangt man durch den Paseo Ahumada und die Agustinas zur *Moneda*, dem Präsidentenpalast.

STADTPARK UND ZENTRALMARKT [U C–D2–3]

Starten Sie Ihren Rundgang an der Plaza Baquedano. Hier beginnt am Ufer des Mapocho der *Parque Forestal,* ein schöner, von Platanen beschatteter Park. Vornan spielen Kinder im *Deutschen Brunnen (Fuente Alemana),* 1910 von Einwanderern gestiftet. Von dort aus ist es nur ein Katzensprung zum *Palacio de Bellas Artes,* einem Gebäude im Stil französischer Klassik. Weiter auf der Straße Ismael Valdés Vergara gelangen Sie an den Straßenhändlern vorbei zum *Mercado Central,* dessen Bauteile in England gegossen wurden.

■ SEHENSWERTES ■

CERRO SAN CRISTÓBAL ★ ☀ [U E1]

Um zum Hausberg (880 m) mit der Marienstatue zu gelangen, geht man von der Plaza Baquedano über die Brücke und die Straße Pío Nono im malerischen Vergnügungsviertel Bellavista zur Talstation der Standseilbahn. Gleich nebenan lockt ein freundlicher, leider etwas beengter *Tierpark.* Von der Bergstation führen

Treppen auf den Sockel der 36 m hohen *Mariengestalt* (1908): Panoramablick über Santiago. Wer noch nicht genug hat, kann mit einer Seilbahn hinunter ins Villenviertel Pedro

Business-Lady in Santiago

de Valdivia Norte gondeln oder die Strecke wandern. *Seilbahnen tgl. 10.30–20 Uhr (2011 in Reparatur)*

CERRO SANTA LUCÍA ☀ [U D3–4]

Aussichtshügel (70 m) mit hübschem Park in der Stadtmitte. Bei klarer Luft hat man einen schönen Blick über das

MARCO POLO HIGHLIGHTS

★ **Cerro San Cristóbal**
Vom Hausberg aus das Häusermeer Santiagos vor der Andenkulisse betrachten (Seite 51)

★ **Palacio de la Moneda**
Im Präsidentenpalast starb einst Salvador Allende (Seite 52)

★ **Mercado Central**
Schlemmen im „Bauch" von Santiago (Seite 53)

★ **Paso Los Libertadores**
Fahrt auf den Andenhauptpass nach Argentinien: dem Himmel so nah (Seite 56)

★ **Ascensores**
Mit Valparaísos Schrägaufzügen zum „Balkon der Stadt" gondeln (Seite 60)

★ **Isla Negra**
Pablo Nerudas Haus: ein Museum der besonderen Art (Seite 62)

Zentrum. Der Parkeingang liegt an der Alameda, oben prangt ein spanisches Festungsschlösschen. In der Nachbarschaft liegen die *National-*

Archaische Figur im Museo Precolombino

biblithek mit einem netten Café und die schöne *Kirche San Francisco (1618) mit kleinem Museum und hübschem Klosterhof: eine friedliche Oase hinter dicken Lehmmauern.*

LA CHASCONA [U E2]

Pablo Nerudas Stadtdomizil mit dank der Sammelleidenschaft des Hausherrn voll gestopften Salons und ver-

winkeltem Garten wurde zum Museum. *Di–So 10–18 Uhr | Fernando Márquez de la Plata 0192*

MAVI [U D3]

Neu, modern und spannend: das Museum Visueller Künste im Bohemeviertel Lastarria. *Di–So 10.30 bis 18.30 Uhr (im Feb. geschl.) | J. V. Lastarria 307 | www.mavi.cl*

MUSEO DE BELLAS ARTES [U D3]

Chiles Nationalgalerie besitzt 5600 Kunstwerke verschiedener Genres und Epochen. Moderner geht's auf der Rückseite zu, im *Museo de Arte Contemporáneo. Di–So 10–19 Uhr | Parque Forestal | www.mnba.cl*

MUSEO PRECOLOMBINO [U C3]

Im hektischen Gewühl der City ist das in einem schönen alten Kolonialpalast mit lauschigem Patio und Arkaden untergebrachte Museum für präkolumbische Kunst ein Hort der Stille. *Di–So 10–18 Uhr | Bandera 361 | www.precolombino.cl*

PALACIO DE LA MONEDA ⭐ [U B4]

Der prachtvoll restaurierte Präsidentenpalast wurde 1805 als Münze erbaut. Der deshalb *Moneda* genannte Palast war Schauplatz dramatischer Ereignisse beim Militärputsch von 1973. Durch die Innenhöfe kann man flanieren, während Ministerialbeamte hektisch aus- und eingehen.

■ ESSEN & TRINKEN

LOS ADOBES DE ARGOMEDO [U E5]

Hier speisen Sie wie auf einer Hacienda, dazu gibt es chilenische Folklore. *Argomedo 411/Lira | Tel. 2/ 222 21 04 | €€*

AZUL PROFUNDO [U E2]
Fisch und Meeresfrüchte in nautischem Ambiente. *Constitución 111 | Tel. 2/738 02 88 | €€€*

BARANDIARÁN [O]
Beliebtes peruanisches Gartenrestaurant. *Manuel Montt 315 | Tel. 2/236 68 54 | €€*

BAR NACIONAL [U C4]
Populäre Lunchlokale; Tagesmenü. *Bandera 317 Huérfanos 1151 | €*

BRISTOL [U C4]
Prämierte Kreationen, erlesene Büfetts. *Im Hotel Plaza San Francisco | Alameda 816 | Tel. 2/360 44 45 | €€€*

CASA NARANJA [U D3]
Gemütliches Künstlerlokal, die Gerichte heißen nach Dalí und Frida Kahlo. *Santo Domingo 528 | Tel. 2/639 58 43 | €€*

EUROPEO [O]
Bestes Restaurant der Stadt, dank Spitzenkoch Carlos Meyer. *Sa-Abend und So geschl. | Alonso de Córdova 2417 | Tel. 2/208 36 03 | €€€*

EL HUERTO [O]
Ein guter Tipp für Vegetarier. *Orrego Luco 054 | Tel. 2/233 26 90 | €€*

LIGURIA [O]
Künstlertreff in argentinisch angehauchtem Ambiente; riesige Portionen. *Av. Providencia 1373/Pedro de Valdivia 048 | Tel. 2/235 79 14 | €€*

MERCADO CENTRAL ⭐ [U C2]
In dem prunkvollen, 1872 eröffneten „Bauch von Santiago" lachen nicht nur Obst und Gemüse, Fleisch und Fisch die Käufer an, hier kann man sich den Genüssen – vor allem frischer Meereskost – auch gleich hingeben. Nicht zu übersehen: *Donde Augusto*, das Lokal von Augusto Vásquez, der mit *caldillo de congrio* (Fischsuppe) und *gambas al pil-pil* (scharf gewürzte Garnelen) die Gäste entzückt *(Tel. 2/671 45 58 | €€)*. Daneben gibt es noch ein Dutzend einfacher, aber guter Lokale – besonders für Meeresfrüchte: der beste Platz in Chile für ein Katerfrühstück *(tgl. 6–18 Uhr)*.

ÓPERA/CATEDRAL [U D3]
Unten erlesenes französisches Restaurant, im oberen Stock angesagte Loungebar. *Merced 395 | Tel. 2/664 30 48 | €€€*

Die neobarocke Treppe führt auf den Aussichtsberg Cerro Santa Lucia

SANTIAGO

■ ÜBERNACHTEN ■

CONTACT CHILE [O]
Die deutschsprachige Agentur bietet über 600 möblierte Apartments für längere Aufenthalte ab einer Woche. *Huelén 219 p.2 | Tel. 2/264 17 19 | www.contactchile.de | €–€€*

DIEGO DE VELÁZQUEZ ⌇ [O]
Mittelklassehotel mit Pool und Fitnessraum in Providencia (guter U-Bahn-Anschluss). *60 Zi. | Guardia Vieja 150 | Tel./Fax 2/234 44 00 | www.hoteldiegodevelazquez.com | €€*

FUNDADOR ⌇ [U C4]
Der Klassiker mitten im Zentrum. *150 Zi. | Paseo Serrano 34 | Tel. 2/387 12 00 | www.fundador.cl | €€€*

NH HOTEL CIUDAD ⌇ [U F2]
Beliebtes Hotel mit geräumigen Zimmern, gut gelegen. *122 Zi. | Condell 40 | Tel. 2/341 75 75 | www.nh-hotels.com | €€€*

EL PATIO SUIZO [U F4]
Kleine, gemütliche Herberge mit Garten, Schweizer Leitung. *7 Zi. | Condell 847 | Tel. 2/474 06 34 | www.patiosuizo.com | €*

RITZ CARLTON ⌇ [O]
Neues Nobelhotel, das erste der Kette in Südamerika, im Geschäftsviertel El Golf. *El Alcalde 15 | Tel. 2/470 85 00 | www.ritzcarlton.com | €€€€*

VILAFRANCA PETIT HOTEL ⌇ [O] Insi Ti
Ruhiges, schmuckes Boutiquehotel in Metronähe in Providencia, familiäres Ambiente. *7 Zi. | Pérez Valenzuela 1650 | Tel. 2/235 14 13 | www.vilafranca.cl | €€*

■ STADTRUNDFAHRT ■

An der Plaza de Armas, vor der Moneda, am Mercado Central und an acht weiteren Stellen halten die roten Doppeldeckerbusse, die Besuchern die Stadt zeigen. Für 28 Euro

> DICKE LUFT
Warum die Kesselstadt Santiago im Winter leidet

Die Bewohner der 6-Mio.-Metropole leiden darunter, dass ihnen das Atmen im Winter (Mai–Aug.) schwerfällt. Oft lastet eine dichte, gelbgraue Glocke über der Stadt, nur an ruhigen Wochenenden sind die schneebedeckten Gipfel der Anden zu erahnen. Wegen einer atmosphärischen Inversion – die Kaltluft in der Höhe blockiert den Abzug der Industrie- und Verkehrsabgase – bleibt der Smog in den Häuserschluchten hängen. Die Kliniken verzeichnen im Winter eine sprunghafte Zunahme der Atemwegserkrankungen; an manchen Tagen stellen die Schulen ihren Sportunterricht ein. Einiges wurde in den letzten Jahren unternommen: Ein Fahrverbotskalender holt einen Teil der Autos ohne Kat von der Straße, bei Smogalarm wird diese *restricción* verschärft, und die schlimmsten Dreckschleudern der Industrie werden stillgelegt. So hat die Zahl der Smogtage zwar abgenommen, doch solange die Regierung nicht die Auflagen für Fabrikabgase verschärft und den Nahverkehr attraktiver macht, werden die Santiaguinos weiter von sauberer Luft nur träumen.

An stimmungsvollen Bars für den Abend herrscht in Santiago kein Mangel

kann man beliebig aus- und wieder einsteigen. *Engl./Span. 9.30–18 Uhr, alle 30 Min. | Tel. 2/220 10 00 | www.turistik.cl*

■ FREIZEIT & SPORT ■

PFERDERENNEN   [0]

Im ehrwürdigen *Club Hípico* finden vorwiegend montags und freitags Rennen statt. *Av. Blanco Encalada 2540 | Tel. 2/693 96 00 | www.clubhi pico.cl*

REITEN   [114 C6]

Die Agentur *Cascada Expediciones* organisiert Pferdetouren zwischen einem und 12 Tagen durch die Anden. *Don Carlos 3219 | Tel. 2/232 98 78 | www.cascada.travel*

SEGELFLIEGEN   [114 B4–5]

Warum nicht mal lautlos über die Anden und das Häusermeer von Santiago gleiten? Der Segelfliegerclub *(Club de Planeadores)* von Santiago nimmt zahlende Passagiere mit *(ab 39 Euro, je nach Dauer). Av.*

Santa María 6100 | Tel. 2/218 41 35 | www.planeadoreschile.cl

SKIFAHREN UND BERGSTEIGEN   [U E3]

Die richtige Adresse, um sich beraten zu lassen und Ausrüstung zu leihen, ist der Verband der chilenischen Andenclubs, die *Federación de Andinismo de Chile. Almirante Simpson 77 | Tel. 2/222 08 88 | www.feach.cl*

■ AM ABEND ■

Den Sonnenuntergang genießt man auf dem *Cerro San Cristóbal* mit Blick auf die Anden, anschließend trifft man beim Bummel durch das Kneipenviertel *Bellavista* (zu Füßen des Cerro San Cristóbal) die Jugend und die Boheme der Hauptstadt. Wer's schicker mag, fährt zur Restaurantmeile *Av. El Bosque/Isidora Goyenechea* in Las Condes.

EL BARCELONA ▶▶   [0]

Junges internationales Publikum vergnügt sich bei coolen Drinks. *Seminario 40 | Tel. 2/225 35 25*

ETNIKO ▶▶ [U E2]

Techno-DJs untermalen den Sushi-Snack der Schickeria. *Constitución 172 | Bellavista | Tel. 2/732 01 19*

LA MAESTRA VIDA [U E2]

Unprätentiöser Salsa-Tanzboden, am Wochenende Livebands. *Pío Nono 380 | Bellavista | Tel. 2/777 53 25*

Insider Tipp ## EL PERSEGUIDOR [U E2]

Livejazz in intimer Atmosphäre. *A. López de Bello 0126 | Bellavista | Tel. 2/777 67 63*

■ AUSKUNFT ■

SERNATUR [0]

Av. Providencia 1550 | Tel. 2/731 83 36 | www.sernatur.cl

>LOW BUDGET

> Der Sonntag ist in Santiago Museumstag, dann sind die ohnehin preiswerten staatlichen Museen gratis, u.a. das *Museo de Bellas Artes*. Und am Nachmittag findet im Parque Forestal hinter dem Museum ein Freiluftspektakel mit Capoeira, Jongleuren und viel jungem Volk statt.

> Bei den Mittagskonzerten im *Teatro Municipal* von Santiago kann man für wenig Geld erstklassige Künstler (Klassik, Ballett) sehen, deren Abendauftritte ein Vielfaches kosten. *Ab 4 Euro | Agustinas 794 | Tel. 800/47 10 00 | www.municipal.cl*

> Gut und preiswert essen kann man in Santiago in der rustikalen *Patagonia Restobar* mit Tischen zum Draußensitzen und aufmerksamer Bedienung. *Tagesmenü für ca. 5 Euro | J. V. Lastarria 96*

■ ZIELE IN DER UMGEBUNG ■

CAJÓN DEL MAIPO [114 C5–6]

Am Wochenende fahren die Santiaguinos gern ins Tal des nahen Río Maipo, zu ruhigen Straßendörfern, Picknickplätzen am Fluss und Landrestaurants *(ca. 25 km von Santiago)*. Weiter oben endet der Asphalt, und auf Schotter geht's in die raue Welt der Anden. Leichte Wanderungen führen vom Ferienort *Baños Morales durch schöne Hochtäler zu den Gletschern des* Nationalparks *El Morado (70 km südöstlich von Santiago).* **Ins Ti**

PASO LOS LIBERTADORES/ PORTILLO [117 F3]

Durch Obstplantagen und Weingärten steigt die Straße stetig an, bis sie in steile Serpentinen und zuletzt in einen Tunnel übergeht. Der Andenpass (nach Argentinien) ★ *Paso Los Libertadores* auf 3180 m Höhe gehört zu den spektakulärsten Südamerikas. ☼ Von der Passhöhe aus eröffnet sich ein toller Blick auf die schneebedeckten Gipfel, besonders auf den höchsten Berg der Anden, den *Aconcagua* (6959 m). Kurz vor der Grenze liegt an der Laguna del Inca das Skizentrum und Hotel *Portillo (150 km nordöstlich von Santiago)*, das auch außerhalb der Schneesaison Gäste mit Apfelstrudel und Kaffee begrüßt. Zwölf Skilifte, die schnellsten Pisten der Welt, Heliski etc. *123 Zi. Tel. 2/263 06 06 | www.skiportillo.com | €€€).*

SKIZENTREN

Die Bewohner von Santiago haben es im Winter (Juni–Okt.) leichter, auf die geliebten Bretter zu kommen, als die Münchner. 50 km vor der Hauptstadt finden sich die höchstgelegenen (2400–3700 m) und schönsten Skipisten der Welt. Wenn in Europa Sommer ist, kann man sich hier austoben.

Farellones-El Colorado [114 C4] verfügt über 20 Lifte und Abfahrten aller Schwierigkeitsgrade; nebenan liegt *Valle Nevado*, das edelste und teuerste Wintersportzentrum Chiles – eine Nacht (DZ) im *Hotel Valle*

reicht, und aus Schläuchen tropft für jeden einzelnen Rebstock das genaue Maß an nötigem Nass – willkommen im Herzen des chilenischen Weinbaugebiets, an der Quelle der schweren, vollmundigen Roten und der frischen, fruchtigen Weißen. Zwischen der Provinzhauptstadt San Fernando und der Pazifikküste erstreckt sich, eingerahmt von Hügelketten und bewässert vom Río Tinguririca, das Colchagua-Tal. Lange,

Wintersportler aus aller Welt bevölkern das Skizentrum Portillo

Nevado kostet in der Hochsaison mehr als über 400 Euro *(53 Zi. Tel. 2/477 77 00 | www.vallenevado.cl)*. Am Wochenende ist der Run auf die Pisten so groß, dass man mehr Zeit im Autostau als auf den Brettern verbringt. Info: *www.skitotal.cl*

VALLE DE COLCHAGUA

[117 E5] **Rosengesäumte Feldraine, dahinter Rebenspaliere, soweit das Auge**

sonnenreiche Sommer mit großem Tag-Nacht-Temperaturgefälle sowie frische Meeresbrisen sorgen hier für einen optimalen Reifeprozess der Trauben.

Die hiesigen Güter haben früh das Potenzial des Önotourismus erkannt und eine Weinstraße geschaffen, die weit mehr bietet als nur Verkostungen. Bei *Viu Manent* fährt man in alten Kutschen durch die Weinfelder, bei *Montes* und *Lapostolle* besichtigt man architektonisch ausgeklügelte Kellereien, während bei *Bisquertt*

eine jahrhundertealte Hazienda auf-
gemöbelt wurde. Bei *Montgras* kann
man seinen eigenen Wein keltern, in
der *Viña Santa Cruz* gondelt eine
Seilbahn auf eine Hügelkuppe mit
„Indianerdorf", und jeden Samstag
zuckelt der *Tren del Vino*, ein Schmal-

Weinproduzent bei der Arbeit

spurzug mit historischen Waggons,
durch die Felder, während man leckere Weine degustiert. Eine Reihe vor-
züglicher Hotels und Restaurants im
und um den Hauptort Santa Cruz
runden die Offerte ab.

Das schwere Erdbeben vom 27.2.
2010 hat viele Gebäude und Weingüter im Tal beschädigt. Einige der
hier genannten Attraktionen *(Viña
Santa Cruz, Weinzug, Museo de Col-
chagua)* waren bei Redaktionsschluss
noch im Wiederaufbau begriffen.

■ SEHENSWERTES ■

MUSEO DE COLCHAGUA

Hier gibt es ein stolzes Sammelsu-
rium geschichtlicher Kuriositäten und
präkolumbischer Kunst zu bewun-
dern. *Di–So 10–18 Uhr | Errázuriz
145 | Santa Cruz*

■ ESSEN & TRINKEN/ ÜBERNACHTEN

D'VID 🔊

Gemütliches Hostal mit Pool. *9 Zi. |
Edwards 205 | Santa Cruz | Tel. 72/
82 12 69 | www.dvid.cl | €– €€*

SANTA FILOMENA DE CUNACO 🔊

Geschmackvoll eingerichtetes, inti-
mes B&B mit aufmerksamen Gastgebern, gutem Frühstück und Pool.*4
Zi. | Cunaco | Tel. 72/85 86 91 | www.
santafilomenadecunaco.cl | €€*

SANTA CRUZ PLAZA 🔊

Neubau im Kolonialstil, mit
Schwimmbad und gutem Restaurant.
*85 Zi. | Plaza Santa Cruz | Santa Cruz
| Tel. 72/20 96 00 | www.hotelsantac
ruzplaza.cl | €€€*

■ AUSKUNFT ■

RUTA DEL VINO

Weintouren und den Weinzug bucht
man am besten hier. *Plaza de Armas |
Santa Cruz | Tel. 72/82 31 99 | www.
rutadelvino.cl*

■ ZIEL IN DER UMGEBUNG ■

TERMAS DE CHILLÁN   [118 B1]

Lange vor Ankunft der Spanier war
den Pehuenche-Indianern die heil-
same Wirkung der heißen Quellen
bekannt, die an den Hängen des
bewaldeten *Vulkans Chillán* sprudeln.
Heute bieten hier in 2000 m Höhe

> *www.marcopolo.de/chile*

einige Hotels ihren Besuchern ganzjährig heiße Naturbäder, im Sommer Wanderrouten und im Winter Skipisten (insgesamt 28 auf 10000 ha Hängen!). Für Snowboarder ist eine besondere Piste präpariert. Mit einem Sessellift kann man die Hänge hinauffahren und dabei die Fumarolen beobachten, die aus der Asche steigen.

Eine komfortable Bettenburg *(180 Zi.)* mit sehr gutem Restaurant: ☊ *Gran Hotel Termas de Chillán (Tel. in Santiago: 2/233 13 13 | www.ter maschillan.cl | €€€).* Preiswertere Unterkünfte im Ferienort Las Trancas, 9 km vor den Thermen, z.B.: ☊ *MI Lodge (12 Zi. | Tel. 09/93 21 75 67 | www.milodge.com | €€). 400 km südlich von Santa Cruz*

VALPARAÍSO

[117 E3] **Zu der Hafenstadt mit dem herben Flair (280 000 Ew.) will der Name („Paradiestal") nicht so recht passen. Wie Schwalbennester kleben die Holzhäuser übereinander an der steilen Küste.** Mehr als drei Dutzend bis zu 400 m hohe Hügel *(cerros)* säumen den Hafen und den *El Plan* genannten Küstenstreifen und geben dem Ort das Gepräge eines Amphitheaters. Alte Schrägaufzüge und unzählige Treppen führen hoch auf die *cerros.* Nicht von ungefähr wurde der alte Stadtkern von der Unesco zum Kulturerbe der Menschheit erklärt.

Mitte des 16. Jhs. lebten schon zahlreiche Kolonisten auf den umlie-

> BÜCHER & FILME
Lyrisches, Autobiografisches, Fiktives

> **Liebesgedichte** – Der Band enthält die berühmten *Zwanzig Liebesgedichte und ein Lied der Verzweiflung* des chilenischen Nationaldichters Pablo Neruda (1904-73), der 1971 den Nobelpreis für Literatur bekam.

> **Ich bekenne, ich habe gelebt** – Die deutsche Ausgabe der viel gelesenen Autobiografie von Pablo Neruda erschien 1974.

> **Das Geisterhaus** – Die Chronik einer chilenischen Oberschichtsfamilie wurde zu *dem* (auch erfolgreich verfilmten) Welterfolg der berühmtesten chilenischen Erzählerin Isabel Allende, einer Nichte Salvador Allendes.

> **Mit brennender Geduld** – Antonio Skármetas poetischer Roman erzählt die (fiktive) Geschichte von Pablo Nerudas Briefträger.

> **Der Alte, der Liebesromane las** – Leicht verdaulicher, aber sehr unterhaltsamer Krimi des in Europa lebenden chilenischen Schriftstellers Luis Sepúlveda.

> **Telefongespräche** – Roberto Bolaños Erzählungen offenbaren einen hintergründigen Humor.

> **Machuca, mein Freund** – Andrés Wood setzte 2004 die sozialen Experimente und Konfrontationen der Allende-Zeit aus der Sicht eines Halbwüchsigen bildstark in Szene.

> **La Nana (Die Perle)** – Fern von Klischees, einfühlsam und immer auf dem Grat zwischen Komik und Ernst erzählt Sebastián Silva von dem verschrobenen Hausmädchen Raquel (toll: Catalina Saavedra) – 1. Preis auf dem Sundance-Festival 2009.

VALPARAÍSO

genden Hügeln, sodass Pedro de Valdivia 1542 einen Hafen gründen konnte. Nach der Unabhängigkeit, zu Beginn des 19. Jhs., öffnete sich Chile dem Welthandel, und Valparaíso wurde zum Anlaufpunkt auf der Schifffahrtsroute vom Atlantik über Kap Hoorn zum Pazifik. Damit kam viel buntes Volk in die Hafenstadt. Von der einstigen Präsenz deutscher Handelshäuser zeugt noch das neoklassizistische Gebäude des *Club Alemán (Salvador Donoso 1337)*, des 1838 gegründeten und damit ältesten deutschen Vereins in Südamerika.

Valparaíso ist seit 1990 Sitz des chilenischen Kongresses. Den Parlamentsneubau an der Plaza O'Higgins ließ die Militärjunta errichten. Jetzt pendeln die Abgeordneten zwischen „Valpo", Santiago und ihren Wahlbezirken und benötigen dreimal so viele Mitarbeiter. Valparaíso aber ist, zusammen mit dem benachbarten Viña del Mar, ein Ort, an dem man es länger als eine Legislaturperiode aushalten kann.

■ SEHENSWERTES ■

ASCENSORES (AUFZÜGE) ★

Den schönsten Blick auf Valparaíso wirft man aus einem Schrägaufzug, z.B. dem *Ascensor Artillería,* der fast hundert Jahre auf dem Buckel hat und auf der 30 Grad steilen, 175 m langen Strecke in 80 Sekunden einen Höhenunterschied von 80 m überwindet. 14 weitere rostige Schienengemsen sorgen für den Personentransport zwischen Unter- und Oberstadt. Oben angekommen, präsentiert sich der ❀ *Paseo 21 de Mayo* als überwältigender Aussichtsbalkon der Stadt.

FISCHEREIHAFEN

Frühaufstehern sei ein Trip zur *Caleta Portales* in Richtung Viña del Mar empfohlen; dort landen die Küstenfischer ihren Fang an, um den sich

Seit über 100 Jahren im Dienst – der Ascensor Artillería in Valparaíso

nicht nur die Menschen, sondern auch Pelikane, Seelöwen und Seeschwalben lautstark streiten.

HAFEN

Der *Muelle Prat,* von wo aus Hafenrundfahrten angeboten werden, und die *Plaza Sotomayor* mit dem Denkmal für die Helden der Seeschlacht von Iquique sind die Ausgangspunkte für einen Bummel über die ⛅ Promenade am Hafen.

MUSEO DE BELLAS ARTES

Im Palacio Baburizza ist die Gemäldegalerie mit Bildern des 19. Jhs. sehenswert. *2010 wg. Restaurierung geschl. | Info: 32/225 23 32 | Paseo Yugoslavo/Cerro Alegre*

MUSEO A CIELO ABIERTO

„Museum unter freiem Himmel": Wandgemälde chilenischer Künstler zieren die Treppen und Stiegen des Viertels *Cerro Bellavista* zwischen farbenfroh bemalten Häusern. Unterwegs trinkt man einen Kaffee auf der Aussichtsterrasse des schmucken Gebäudes der *Fundación Valparaíso,* mit Bibliothek und Internet *(Héctor Calvo 205 | Tel. 32/259 31 56).*

MUSEO NAVAL Y MARÍTIMO

Verstaubtes, aber liebenswertes Marine- und Meeresmuseum in der ehemaligen Seefahrtsschule. *Di–So 10 bis 18 Uhr | Paseo 21 de Mayo/Cerro Artillería*

LA SEBASTIANA

Weiter oben auf dem Cerro Bellavista lässt sich das verwinkelte, mit Sammelstücken voll gestopfte Wohnhaus des Poeten und Nobelpreisträgers Pablo Neruda besichtigen. *Di bis So 10.30–18 Uhr | Calle Ferrari 692*

■ ESSEN & TRINKEN ■

BAR INGLÉS

Verräucherte, gemütliche Bar im Businessviertel, zu essen gibt's allerdings nur kleine Gerichte. *Cochrane 851 | Tel. 32/221 46 25 | €€*

CAFÉ DEL POETA ⛅

Den chilenischen Dichtern Huidobro, Neruda und Mistral gewidmetes Caférestaurant mit breit gefächerter Karte (u.a. Crêpes) und aufmerksamer Bedienung. *Plaza Aníbal Pinto 1181 | Tel. 32/222 88 97 | €–€€*

CINZANO

Insider Tipp

Urige Tangokneipe mit heimischer Küche; Do–Sa Livemusik. *Plaza Aníbal Pinto 1182 | Tel. 32/221 30 43 | €€*

EL MALANDRINO ▶▶

Holzofenpizza wie in Italien, bei Einheimischen wie Besuchern gleichermaßen beliebt. *Almirante Montt 532 | Cerro Alegre | Tel. 32/318 48 27 | €€*

TURRI ⛅

Spezialitäten: Meeresfrüchte und Fisch; spektakulärer Blick über die Bucht. *Templeman 147 | Tel. 32/225 20 91 | €€€*

■ ÜBERNACHTEN ■

A CONTRALUZ ⛅

In dem stilvollen, solarbeheizten Boutiquehotel mit toller Aussicht bedienen die Besitzer selbst. *12 Zi. | San Enrique 473 | Cerro Alegre | Tel. 32/211 13 20 | www.hotelacontraluz.cl | €€€*

GERVASONI ❀ 🔊
Schön restaurierte Villa mit Wein-keller, Aussichtsterrasse und Restau-rant. *14 Zi.* | *Paseo Gervasoni 1* | *Cerro Concepción* | *Tel. 32/223 92 36* | *www.hotelgervasoni.com* | €€

HOSTAL CARACOL 🔊
Farbenfrohes, freundliches Bed & Breakfast. *6 Zi.* | *Héctor Calvo 371* | *Cerro Bellavista* | *Tel. 32/239 58 17* | *www.hostalcaracol.cl* | €

Insider Tipp
THOMAS SOMERSCALES 🔊
Gediegen restaurierte Villa mit Ha-fenblick. *12 Zi.* | *San Enrique 446* | *Cerro Alegre* | *Tel. 32/233 10 06* | *www.hotelsomerscales.cl* | €€€

■ AM ABEND ■
Beim Bummel über den alten Hafen-kai *Muelle Barón* sieht man die Lichter der Stadt. Später geht's in die ▶▶ *Subida Ecuador*, die Kneipen-meile Valparaísos.

■ AUSKUNFT ■
INFOKIOSK
Am Hafen | *Muelle Prat* | *Tel. 32/ 288 22 85*

■ ZIELE IN DER UMGEBUNG ■
ISLA NEGRA ⭐ [117 E4]
Eine Autostunde *(70 km)* südlich liegt der Ort Isla Negra. Hier fand Litera-turnobelpreisträger Pablo Neruda 1939 seine Dichterklause. Er baute das Strandhaus mit exzentrischen Ideen um und füllte es mit den Objekten seiner Sammelleidenschaft: Muscheln, Schnecken, Buddelschif-fen etc. Heute ist das Haus Museum und Pilgerstätte für alle, die mehr über Neruda erfahren wollen *(Di–So 10–18 Uhr* | *Führungen unter 35/ 46 12 84 reservieren)*. Im Empfangs-gebäude der Neruda-Stiftung *(www. neruda.cl)* gibt's das *Café del Poeta* mit Blick auf den Pazifik. Übernach-ten können Sie im 🔊 *Hotel La Candela*. Die Besitzerin, die Folk-

▶ WEINKELLER
Probieren Sie die besten Tropfen an der Quelle

Der *vino chileno* hat zuletzt international Medaillen abgeräumt und Märkte ero-bert. Die Spanier hatten einst die ersten Trauben für Mess- und Tischwein mit-gebracht. Im 19. Jh. importierten visio-näre Grundbesitzer edle französische Reben. Ende der 1980er-Jahre rüsteten die Weingüter mit Hochtechnologie auf und holten sich Rat und Kapital in Frankreich, Spanien und Kalifornien. Zum Besuch einer Kellerei (nach Voranmel-dung) gehört stets eine Verkostung. Vom Moloch Santiago eingeholt wurde die *Viña Cousiño Macul*, das älteste

(1546) Weingut Chiles *(Av. Quilín, Ecke Tobalaba* | *Mo–Fr 11 und 15 Engl./ Span., Sa 11 Uhr nur Span.* | *Tel. 2/351 41 75* | *www.cousinomacul.cl)*. Ebenfalls leicht zu erreichen: der Schatzkeller des größ-ten Weinproduzenten *Concha y Toro* im Vorort Pirque *(Tel. 2/476 52 69* | *engl. Führungen Mo–So 10, 11.30, 15 Uhr* | *www.conchaytoro.cl)*. 40 km südlich von Santiago liegt in einem Land-schaftspark die herrschaftliche *Viña Santa Rita* mit exklusivem Restaurant und feinem Hotel *(Tel. 2/362 25 20* | *www.santarita.com)*.

loresängerin Charo Cofré, singt mitunter für ihre Gäste *(12 Zi. Tel. 35/ 46 12 54 | www.candela.cl | €€)*.

VIÑA DEL MAR [117 E3]

In Viña del Mar („Weinberg am Meer") finden sich im Gegensatz zum benachbarten *(10 km)* Valparaíso weder Kräne noch Kais, sondern nur

Empfehlenswerte Restaurants: *Anayak*, ein Mix aus Restaurant, Café und Imbiss *(Quinta 134 | Tel. 32/ 268 00 93 | €)*; *Cap Ducal*, das Fisch und Meeresfrüchte serviert *(Av. Marina 51 | Tel. 32/262 66 55 | €€€)*; *La Dolce Vita*, gute italienische Trattoria *(Av. San Martín 640 | Tel. 32/ 268 75 27 | €€)*.

Pablo Nerudas Strandhaus in Isla Negra ist heute Museum

noble Villen und von Apartmenthochhäusern und Bettenburgen gesäumte Strände. Das mondäne Seebad (290000 Ew.) ist seit über 100 Jahren die Sommerfrische der Bessergestellten aus der Hauptstadt, und im *Casino Municipal* aus den 1930er-Jahren verpulvern sie ihr Vermögen. Der Benidorm-Atmosphäre im Jan./Feb. entgeht man am besten in den schattige Parks und in einigen Museen und Palästen aus der Gründerzeit.

Zur Übernachtung bieten sich an: *Albamar*, preiswertes Mittelklassehotel am Casino *(45 Zi. | San Martín 419 | Tel. 32/297 52 74 | www.hotel albamar.cl | €€)*; *O'Higgins*, ein Hotel mit dem Charme vergangener Tage an der Plaza Vergara *(265 Zi. Tel. 32/288 20 16 | www.panamerica nahoteles.cl | €€)*, und das schicke *Hotel del Mar (60 Zi. Av. Perú, hinter dem Casino | Tel. 32/250 08 00 | www.casino.cl | €€€)*.

> DIE „CHILENISCHE SCHWEIZ"

Urwälder und Weideland rund um tiefblaue Seen, in denen sich
die schneebedeckten Kegel der Vulkane spiegeln

> Der so genannte „Kleine Süden", der
Landesteil zwischen dem 38. und 42.
Breitengrad, gilt als die „chilenische
Schweiz". Wer Skandinavien mag, der
wird auch den Süden Chiles lieben – es
ist alles ein bisschen wie in Nordeuropa,
aber zugleich auch ganz anders: wilder,
ungezähmter, kontrastreicher.

Der Süden war bis Mitte des 19. Jhs.
Land der Mapuche-Indianer; erst
nach vielen Vernichtungsfeldzügen
gegen die Ureinwohner drangen die
europäischen Kolonisten in die Wälder vor und verwandelten die Wildnis
in eine Kulturlandschaft mit Acker-
bau und Viehzucht – leider auch mit
eintönigen Eukalyptusplantagen für
die Papierindustrie. In Städten wie
Valdivia und in den Dörfern am
Llanquihue-See findet man die Spuren deutscher Einwanderer. Das Klima ist feuchter und wechselhafter als
in Nord- und Mittelchile. Die Natur
dankt es mit sattgrünen Weiden und

Bild: Fischerboote im Hafen von Puerto Montt

DER SÜDEN

undurchdringlichen Regenwäldern. Und wenn sich die Wolken verziehen, enthüllen die schneebedeckten Vulkankegel ihr Haupt. Zu ihren Füßen breiten sich riesige, blaugrüne Spiegel aus: willkommen in der *Región de los Lagos*, dem Seengebiet!

ISLA DE CHILOÉ

[118 A6] ⭐ **Die Insel Chiloé, 250 km lang und 50 km breit (150 000 Ew.), liegt**

wie eine grüne Riesenschildkröte vor dem chilenischen Festland im Pazifik. Die Bewohner der Hauptinsel und der vorgelagerten Eilande, die Chiloten, überstehen den Wechsel der Winde und den Wandel der Gezeiten mit der stoischen Ruhe wettergegerbter Steuerleute. Sie spinnen ihr Garn auf die langsame, bedächtige Art. *Hacer quercun:* eine Pause einlegen, auf besseres Wetter hoffen, den günstigen Wind abwarten, den Flug der Albatrosse deuten. Die Chiloten sind Kartoffelbauern und Muschelfischer. Ein Boot am Ufer, eine Kuh im Stall, Schweine im Koben und Hühner vor der Hütte hat ein jeder – und Schafe für die Pullover gegen den kalten Wind auch. Fünfsternehotels findet man bislang kaum auf Chiloé. Aber Herzlichkeit und weiche Betten nah

Frau mit Araukarienzapfen

am Kanonenofen sind reichlich vorhanden. Die Insel Chiloé ist Balsam für die Nerven.

Ancud und *Castro* heißen die wichtigsten Städtchen der Insel. In den schlichten Kneipen bekommt man frische Austern und Soßen aus Sellerie *(apio)* und Knoblauch *(ajo)* zum krossen Hammelbraten. Und hinterher Kartoffeltorte! Das frische Wetter macht Hunger. Im westlichen Chiloé erstreckt sich eine unberührte Wildnis von Tepabäumen, Südzypressen und Farnen entlang der sturmgepeitschten Pazifikküste. Tagelang kann man zu Pferd oder auf Schusters Rappen durch die men-

schenleere Landschaft streifen. Bei Quellón pflügen Blauwale den Golf. Fotografen bieten die verträumten Dörfer an der Ostküste prächtige Motive. *Castro* und *Chonchi* sind wegen der bunten Pfahlbauten kleine Blockhütten-Venedigs. Selbst die stolzen Kirchen sind gefugt statt gemauert, alles aus Holz und ohne einen einzigen Nagel.

ESSEN & TRINKEN/ ÜBERNACHTEN

FAROS DEL SUR
Freundliche Herberge an urwüchsiger Steilküste bei Ancud. Alle 12 Zimmer mit Meerblick. *Costanera Norte 320 | Tel. 65/62 57 99 | www.farosdelsur.cl |* €€

PALAFITOS 1326
Originelles Boutiquehotel auf Stelzen in der Wattenbucht von Castro, geschmackvolles Design, netter Service. *8 Zi. | Ernesto Riquelme 1326 | Tel. 65/53 00 53 | www.palafitos1326. cl |* €€

AUSKUNFT

SERNATUR
Ancud | Libertad 665 | an der Plaza | Tel. 65/62 28 00 | www.sernatur.cl

PUERTO MONTT
[118 A5] **Die lebhafte Hafenstadt (160000 Ew.) an der Reloncaví-Bucht besitzt einen spröden Pioniercharme: Holz- und Wellblechhütten stehen neben modernen Betonbauten. Einen Abstecher wert ist der Fischerhafen Angelmó, wo Buden mit Kunsthandwerk und einfache Lokale für Atmosphäre sorgen.** Erst 1853 wurde der Ort als Anlaufplatz für deutsche

Kolonisten gegründet. An der Uferpromenade können Sie ein *Einwandererdenkmal* bestaunen: eine rührende Familienszene in Gusseisen. Puerto Montt ist Einschiffungsort für die Fähren in den patagonischen Süden.

■ ESSEN & TRINKEN ■

CLUB DE YATES

Meeresfrüchte satt – und frisch! *Av. Juan Soler 200 | Tel. 65/28 40 00 | €€*

KIEL

Am Kamin mit Blick auf die verregnete Fördelandschaft wird die Königskrabbe serviert … Etwas außerhalb. *Camino a Chinquihue | km 8 | Tel. 65/25 50 10 | €€€*

■ ÜBERNACHTEN ■

HOLIDAY INN EXPRESS 🔊

2006 eröffnet, im Einkaufszentrum direkt an der Bucht. *105 Zi. | Av. Costanera | Tel. 65/56 60 00 | www. ichotelsgroup.com | €€*

O'GRIMM 🔊

Modernes, leicht verplüschtes Hotel mit gemütlichen Zimmern. *27 Zi. |*

Farbenfroh: die Pfahlhäuser von Castro

Gallardo 211 | Tel. 65/25 28 45 | www. ogrimm.com | €€

■ AUSKUNFT ■

CORPORACIÓN TURÍSTICA

Hilfreiches Infobüro an der Mole in Puerto Varas. *Tel. 65/23 79 56 | www. puertovaras.org*

■ ZIELE IN DER UMGEBUNG ■

LAGO LLANQUIHUE ⭐   [118 A–B5]

Mal wild schäumend, mal sanft kräuselnd, mal Vulkane spiegelnd: So

MARCO POLO HIGHLIGHTS

⭐ **Isla de Chiloé**
Wetterfeste Menschen, die noch Zeit haben (Seite 65)

⭐ **Lago Llanquihue**
Zu Gast bei den Nachfahren deutscher Einwanderer (Seite 67)

⭐ **Parque Nacional Vicente Pérez Rosales**
Immergrüner Regenwald voller Leben (Seite 69)

⭐ **Parque Nacional Conguillío**
Araukarien rund um einen schneeweißen Vulkan (Seite 70)

⭐ **Flussfahrten**
Von Valdivia romantische Bootstrips zu spanischen Festungen unternehmen (Seite 71)

⭐ **Vulkan Villarrica**
Ein Feuer speiender Berg zum Anfassen (Seite 73)

Über dem Lago Llanquihue ragt der Gipfel des Vulkans Osorno auf

präsentiert sich ca. 20 km nördlich von Puerto Montt der riesige Llanquihue-See, mit 877 km² das größte Gewässer im Seengebiet (zum Vergleich: der Bodensee ist 538 km² groß). Das Westufer hat sich zu einem Touristenzentrum gemausert. In *Puerto Varas, Llanquihue* und *Frutillar* erzählen Holzvillen, Straßenschilder und *kuchenes* von den deutschen Einwanderern, die diese dicht bewaldeten Gefilde in Viehweiden verwandelten. Ein nostalgisch verklärtes Bild davon vermittelt das *Museo Colonial* in Frutillar *(April bis Nov. tgl. 10–17.30, Dez.–März 9 bis 19.30 Uhr)*. An sonnigen Nachmittagen sitzt man in Cafés mit Namen wie „Bauernhaus", schlemmt Schwarzwälder Kirschtorte, taxiert die flanierenden Feriengäste und fühlt sich wie am Bodensee – nur dass anstelle von Alpengipfeln die Vulkane Puntiagudo, Osorno und Calbuco vom anderen Seeufer herüber grüßen.

Am besten übernachtet man in Frutillar im gemütlichen Hotel 🔊 *Salzburg (31 Zi. | Playa Maqui | Tel. 65/42 15 89 | www.salzburg.cl | €€)*. Puerto Varas bietet eine breitere Auswahl und ist auch der bessere Ausgangspunkt für Touren in den Nationalpark Pérez Rosales. Gute Mittelklasse: Hotel 🔊 *Bellavista (70 Zi. | V. Pérez Rosales 060 | Tel. 65/23 20 11 | www.hotelbellavista.cl | €€€)*.

PARQUE NACIONAL PUYEHUE [118 B4]

100 km östlich der eher unattraktiven Agrarstadt Osorno *(ca. 150 km nördlich von Puerto Montt)* erstreckt sich in den Anden der *Puyehue-Nationalpark* (107 000 ha); davor liegen der gleichnamige See und der größere *Rupanco-See*. Im Hintergrund leuchtet die Schneekuppe des Vulkans *Puyehue* (2240 m). Die Region ist im Sommer wie im Winter ein lohnendes Wander- oder Skisportziel. Die heißen Quellen *Termas de Puyehue* und *Aguas Calientes* sind gut geeignet, die vom Wandern verspannten Muskeln wieder zu lockern. Ein traditionsreiches, zum modernen Bade-Spa gestyltes Hotel ist 🔊 *Termas*

de Puyehue (Tel. Santiago 2/
293 60 00 | www.puyehue.cl | €€€).

PARQUE NACIONAL VICENTE PÉREZ ROSALES ⭐ [118 A–B5]

Vom Ostufer des Llanquihue-Sees bis
zum Gipfel des Vulkans *Tronador*
(3491 m) erstreckt sich dieser Nationalpark (2540 km²). Der größte Teil
ist von immergrünem Regenwald
bedeckt, in dem eine vielfältige Fauna
zu Hause ist: Pumas, Zwerghirsche,
Graufüchse, Fischotter, Wiesel, Wildenten, Kolibris, Adler, Kondore. Ein
landschaftlicher Höhepunkt ist der
türkisfarbene See *Todos Los Santos*
(175 km²), der sich weit in die Anden
hineinzieht (siehe auch *Ausflüge &
Touren*). Im Rahmen einer Tagestour
leicht erreichbar sind auch die *Wasserfälle des Petrohué* und der *Vulkan
Osorno* (2652 m), dessen schneebedeckter Kegel wie ein Wächter über
der einsamen Landschaft thront.

TEMUCO

[118 B3] Die Hauptstadt Araukaniens
(heute 235000 Ew.) wurde erst 1881 gegründet – nachdem die letzten Mapuche-
Krieger besiegt waren. Denn Temuco
liegt im Herzen des ehemaligen Ma-
puche-Reiches, das einst von dichten
Urwäldern bedeckt war. Die Nach-
kommen der Mapuche führen ein
Leben am Rande der Gesellschaft;
sie verkaufen Kunstgewerbe in der
Markthalle oder auf der *feria libre*,
dem „freien Markt", beim Bahnhof.

◼ SEHENSWERTES ◼◼◼◼

MUSEO REGIONAL DE LA ARAUCANÍA

Hier werden die Geschichte der Region und die Kultur der Mapuche

anschaulich dokumentiert. *Av. Alema-
nia 084 | Mo–Fr 10–17.30, Sa 11–17,
So 11–14 Uhr*

◼ ESSEN & TRINKEN ◼◼◼◼

KOKAVÍ

Hier können Sie typische Mapuche-
Gerichte probieren. *Rodríguez 1073 |
Tel. 45/95 16 25 | €*

MERCADO MUNICIPAL

Zünftig, üppig und preiswert essen in
der Markthalle, z.B. bei *El Criollito.
Mo–Fr 9–18, Sa/So 10–14.30 Uhr |
Portales/Ecke Aldunate | €*

In den Anden noch beheimatet: der Puma

◼ ÜBERNACHTEN ◼◼◼◼

BAYERN 🔊

Mittelklassehotel, sauber und einfa-
cher Komfort. *40 Zi. | Av. Prat 146 |
Tel./Fax 45/27 60 00 | www.hotel
bayern.cl | €€*

POSADA SELVA NEGRA

Gastfreundliche, deutschsprachige
Pension, Leserempfehlung. *9 Zi. |
Trizano 110 | Tel. 45/23 69 13 | www.
hospedajeselvanegra.cl | €*

■ AUSKUNFT ■

SERNATUR
Claro Solar 899 | Plaza de Armas |
Tel. 45/21 19 69

■ ZIELE IN DER UMGEBUNG ■

PARQUE NACIONAL
CONGUILLÍO ⭐ [118 B2–3]
In diesem Nationalpark östlich von
Temuco *(ca. 125 km)* hat die Natur
die Kombination von wilder Vulkanlandschaft, Bergseen und Araukarienwäldern zur Perfektion gebracht. Der
Kegelvulkan *Llaima* (3125 m) führt
in der Liste von Chiles Feuerspeiern
mit zehn Ausbrüchen (zuletzt 2008)
seit Beginn der Aufzeichnungen, ab-
zulesen an den erkalteten Lavaströ-
men, die ringsum Wälder begraben,
Flüsse aufgestaut und Seen geformt
haben. Wanderwege erschließen den
Park. Unterkunft in der neuen Lodge
La Baita Conguillío (Tel. 45/58 10 73
| www.labaitaconguillio.cl | €€).

VALLE DE LONQUIMAY [118 B2]
Im Valle de Lonquimay *(ca. 120 km*
nordöstlich von Temuco) hat der

Vulkan *Lonquimay* (2865 m) eine
Aschelandschaft geformt, vor deren
Hintergrund schirmförmige Araukarien prangen. 3 km vor *Malalcahuello*
betreibt ein Schweizer ein gemütli-
ches Gästehaus im Alpenstil *(La*
Suizandina | Tel. 45/197 37 25 |
www.suizandina.com | €€).

VALDIVIA

[118 A4] **Pedro de Valdivia gründete die**
Stadt (heute 130 000 Ew.) 1552. In der
Folge setzten die Spanier mehrere Forts
stromabwärts an die Mündung des Río
Valdivia. Ihren Aufschwung nahm die
Stadt mit der Einwanderungswelle
deutscher Kolonisten im 19. Jh. und
als Bunkerstation der Kap-Hoorn-
Clipper, so lange es den Panama-
Kanal noch nicht gab. 1909 wurde
Valdivia ein Opfer der Flammen, und
1960 machte das schwerste Erdbeben
der Neuzeit die Stadt nahezu dem
Erdboden gleich. Valdivia hat sich
dennoch wieder aufgerappelt. Die
hölzernen Kolonistenvillen verströ-
men provinziellen Charme, und die
Studenten der *Universidad Austral*
haben ihren Anteil am Flair dieser
jugendlich wirkenden Stadt.

■ SEHENSWERTES ■

KARL-ANWANDTER-HAUS Insi Tip
Die Villa des Brauereibesitzers, Frei-
geists und Urvaters der deutschen
Einwanderer Karl Anwandter ist heute ein lohnendes Heimatmuseum.
Di–So 10–13, 14–20 Uhr | Isla Teja

■ ESSEN & TRINKEN ■

CAMINO DE LUNA
Das schwimmende Restaurant auf
dem Fluss serviert vor allem Meeres-

früchte. *Neben der Brücke | Tel. 63/ 21 37 88 | €€*

MERCADO CENTRAL

Neben dem offenen Flussmarkt *(Feria Fluvial)* kann man in der Markthalle schlicht, aber frugal zu Mittag essen. *Costanera Ecke Libertad | €*

22 45 00 | www.hotelpuertadelsur. com | €€

■ AM ABEND

▶▶ Das Jungvolk trifft sich z.B. im *Pub en el Clavo (Av. Alemania 299)* oder im *Bataclán (Camilo Henríquez 326)*, beide mit Livemusik.

Araukarien sind immergrüne Nadelbäume, die bis zu 1000 Jahre alt werden

■ ÜBERNACHTEN

HOSTAL ENTRE RÍOS 🔊

Zentral und ruhig gelegener Neubau im Stil der Kolonistenvillen, alle Zimmer mit Privatbad. *14 Zi. | Carlos Anwandter 337 | Tel. 63/25 93 10 | www.hostalentrerios.cl | €€*

PUERTA DEL SUR 🔊

Zu dem Luxushotel gehört ein gutes Restaurant mit internationaler Küche. *150 Zi. | Los Lingues 950 | Tel. 63/*

■ AUSKUNFT

SERNATUR

Av. Prat 555 | Mo–Fr 8.30–18.30, im Sommer auch Sa/So 10–14 Uhr | Tel. 63/23 90 60

■ AUSFLÜGE

FLUSSFAHRTEN ⭐   [118 A4]

Am Muelle Schuster liegen die Ausflugsdampfer der „weißen Flotte" vertäut, die Touristen durch die Flusslandschaft um Valdivia schaukeln.

Am Ufer grüßen die Mauern mächtiger Festungen. Dort, wo sich der Fluss zur malerischen Meeresbucht bei Niebla öffnet, zeigen sich die Zinnen der Forts von *Isla Mancera*, *Niebla* und *Corral*.

VILLARRICA/ PUCÓN

[118 B3] **Traditionell eine beliebte Sommerfrische, hat sich die Umgebung des Lago Villarrica in den letzten Jahren zum Ziel für Naturfreunde und Outdoor-Freaks gemausert. Kein Feriengebiet in Südchile ist so gut erschlossen.** Das größere Städtchen *Villarrica* und das kleine, aber im Sommer brodelnde *Pucón* sind durch eine von Ferienanlagen gesäumte Uferstraße verbunden. Um den Vulkan *Villarrica* (2840 m) mit seiner ewigen Rauchfahne locken dichte Südbuchen- und Araukarienwälder zum Wandern und Reiten, laden Flüsse zum Rafting ein, warten Thermalbäder und schwarzsandige Strände auf Erholungsbedürftige.

■ ESSEN & TRINKEN ■

GERÓNIMO
Rustikale Fleischgerichte und hauseigene Pasta. *G. de Alderete 665 | Pucón | Tel. 45/44 37 62 | €*

KIEL
Gepflegt speisen am Yachthafen von Villarrica. *Mo geschl. | Gen. Körner 153 | Tel. 45/41 16 31 | €€*

■ ÜBERNACHTEN ■

EL CIERVO ⟩⟩
Stilvolle Zimmer mit Seeblick. *12 Zi. | Gen. Körner 241 | Villarrica | Tel. 45/41 12 15 | www.hotelelciervo.cl | €€*

LANDHAUS SAN SEBASTIÁN ⟩⟩
Idyllisches Farmhotel der Familie Barth, tolle Küche, Ausflüge. *11 Zi. | bei Pucón (18 km) | Tel. 45/197 23 60 | www.landhaus-pucon.de | €€*

❯ DEUTSCH-CHILENEN
Von „Don Otto" zum geschätzten Mitbürger

Aus Schlesien, Sachsen, Brandenburg, der Pfalz und dem Schwabenland zogen die Auswanderer einst übers Meer: „Den Ersten der Tod, den Nächsten die Not, den Enkeln das Brot." Die deutschen Einwanderer in Chile – nicht mehr als 20000 kamen von 1846 bis zum Ersten Weltkrieg – mussten sich durchsetzen, nicht nur gegen eine wilde Natur, sondern auch gegen die deftigen Witze, die über die tumben Don Otto und Don Fritz kursierten, die zunächst unter sich blieben und nur notdürftig Spanisch lernten.

„In Chile zählt man die Deutschstämmigen nicht, man wiegt sie." Das Bonmot will sagen, dass die Bedeutung der Deutschen nicht an ihrer Zahl, sondern an ihrer „Gewichtigkeit" gemessen wird. Solche Sprüche zeigen, wie sehr die Deutsch-Chilenen trotz ihrer biederen Lebensart als chilenische Landsleute geschätzt werden. Darauf ist man stolz in Frutillar, Puerto Varas und anderen Provinzstädten, in denen der „Deutsche Klub", der Club Alemán, noch eine tragende Rolle spielt.

LA TETERA

Familiäres Gästehaus; gutes Frühstück, Tagescafé. *8 Zi.* | *Urrutia 580* | *Pucón* | *Tel. 45/46 41 26* | *www.tetera.cl* | *€–€€*

PARQUE NACIONAL VILLARRICA   [118 B3]

Die Besteigung des ★ *Vulkans Villarrica* ist ein großes Erlebnis. Freilich brauchen Sie für die 8-stündige Tour an den rauchenden Krater-

Die schneebedeckte Spitze des Vulkans Villarrica aus der Vogelperspektive

■ AUSKUNFT ■

INFORMACIÓN TURÍSTICA

O'Higgins 483 | *Tel. 45/29 30 03* | *www.puconturismo.cl*

■ ZIELE IN DER UMGEBUNG ■

PARQUE NACIONAL HUERQUEHUE   [118 B3]

In stillen Bergseen spiegeln sich die Araukarien, der Waldboden federt unter jedem Schritt: Für Wanderer, die unberührte Natur und Einsamkeit suchen, ist der Nationalpark *(35 km von Pucón entfernt)* genau das Richtige. Übernachten können Sie im rustikalen *Refugio Tinquilco (Tel. 09/95 39 27 28 | www.tinquilco.cl | €)*.

rand eine gute körperliche Verfassung – und Sonne, um den tollen Rundblick auf Seen und Vulkane zu genießen. *Buchung über Agenturen in Pucón (ca. 70 Euro)*

THERMALBÄDER

Um Pucón sprudeln etliche heiße Quellen im Wald. Die Palette reicht von den Freibecken *Los Pozones* bis zum luxuriösen Thermalhotel *Huife (Tel. 45/44 12 22 | www.termashuife.cl | €€€)*. Abgelegen, aber einfach traumhaft: *Termas Geométricas (Tel. 2/214 12 14 | www.termasgeometricas.cl)*.

Insider Tipp

> AM RAUEN ENDE DER WELT

Kalbende Gletscher, dunkle Wälder, eisige Gipfel und viel
Einsamkeit im tiefen Süden

> Patagonien, wie der Südzipfel des
Kontinents auf argentinischer und chilenischer Seite der Kordillere heißt, lässt
die Herzen von Abenteurern und Einsam-
keitsanbetern höher schlagen: immense,
menschenleere Weiten, wilde Landschaften und viel Wind.

Der Legende nach prägte Fernando
Magellan den Namen Patagonia, als
er 1520 die Durchfahrt vom Atlantik
zum Pazifik entdeckte, die später nach
ihm benannt wurde. Die hoch ge-

wachsenen Ureinwohner, die Tehuelche, hätten Magellan an den Riesen
Pathagon aus einem Ritterroman jener Zeit erinnert. Die südlich der
Seepassage gelegenen Gestade hielt
man für die Küste des sagenhaften
Kontinents Terra Australis, von dem
Ptolemäus behauptet hatte, er sei von
Kopffüßlern bewohnt. Magellan taufte das Gebiet nach den Rauchsäulen
der Ureinwohner *Tierra de los Fue-
gos* – Feuerland. Als europäische

Bild: Nationalpark Torres del Paine

PATAGONIEN

Einwanderer im 19. Jh. die Steppen für die Schafzucht entdeckten und zudem Gold fanden, war es um die halbnomadischen Stämme, die hier lebten, geschehen: Binnen weniger Jahrzehnte wurden die Tehuelche, Ona, Yagan und Alakaluf praktisch ausgerottet; nur wenige überlebten die Verfolgung und die eingeschleppten Krankheiten in Reservaten.

Der so genannte Große Süden umfasst nicht nur Feuerland und die Magellan-Straße; er beginnt bereits dort, wo der Asphalt aufhört und die *Carretera Austral* ihren Anfang nimmt, südlich von Puerto Montt. Mittlerweile führt die Schotterpiste durch die Wildnis bis ins 1200 km weiter südlich gelegene Villa O'Higgins, wo die Barriere des Patagonischen Eisfeldes den Landweg weiter nach Süden versperrt. Nur auf dem Umweg über Argentinien, per Schiff oder per Flugzeug gelangt man in

COIHAIQUE

Chiles südlichste Region Magallanes mit den Naturwundern der *Torres del Paine* und Feuerlands.

COIHAIQUE

[119 F3] Die einzige nennenswerte Stadt an der Carretera Austral wurde erst 1929 gegründet und zählt rund 45 000 Einwoh-

■ **ESSEN & TRINKEN** ■■■■

LA OLLA
Gediegene chilenische Küche. *Prat 176 | Tel. 67/24 25 88 | €–€€*

RICER ▶▶
Nettes Ambiente, Grill und – etwas skurril an diesem Ort – arabische Küche. *Horn 48 | Tel. 67/23 29 20 | €*

Auf der Carretera Austral ist Autofahren noch ein Abenteuer

ner. Abgesehen von der einzigen fünfeckigen Plaza Chiles bietet das friedliche Coihaique (mehrmals täglich Flüge von Santiago und Puerto Montt) kaum touristische Attraktionen, wohl aber die nötige Infrastruktur, um von hier aus Nordpatagonien zu erkunden. Im 80 km entfernten Hafen *Chacabuco* legen die Schiffe zur berühmten Gletscherlagune *San Rafael* ab.

■ **ÜBERNACHTEN** ■■■■

LUIS LOYOLA 🔊
Stadthotel mit allem Komfort, trotzdem noch einigermaßen preiswert. *50 Zi. | Av. Prat 455 | Tel. 67/23 42 00 | www.hotelloyola.cl | €€*

EL RELOJ 🔊
Stilvolles Familienhotel mit guter Küche. *13 Zi. | Baquedano 828 | Tel. 67/23 11 08 | www.elrelojhotel.cl | €€*

> **www.marcopolo.de/chile**

■ AUSKUNFT ■

SERNATUR
Touristenauskunft. *Bulnes 35 | Tel. 67/23 17 52*

■ ZIELE IN DER UMGEBUNG ■

CARRETERA AUSTRAL ⭐ [118 B5–6, 119 F1–6]

Die „Südstraße" wurde ab den 1980er-Jahren des 20. Jhs. in die Unwegsamkeit getrieben und erschloss weite Teile Nordpatagoniens, die bis dahin gar nicht oder nur per Schiff zugänglich waren. Auf den knapp 500 km von Coihaique nordwärts bis zum Parque Pumalín fährt man durch wild wuchernden Dschungel, vorbei an nebelverhangenen Fjorden, türkis schimmernden Seen und hängenden Gletschern. Dazwischen liegen einsame Siedlungen. Mieten Sie einen Wagen und lassen Sie sich Zeit: Hier wird der Weg zum Ziel. Halt machen können Sie u. a. in dem 1935 von Deutschen gegründeten *Puerto Puyuhuapi*. In der Nähe liegt am Ufer eines Pazifikarms das schönste Thermalhotel Chiles, das ==Termas de Puyuhuapi==, dessen Anlagen nur per Boot zu erreichen sind und auch Tagesgästen offen stehen *(Tel. 67/ 32 51 03 | www.patagonia-connec tion.com | €€€)*. Unterkunft im Ort selbst finden Sie in der heimeligen *Casa Ludwig (10 Zi. | Tel. 67/32 52 20 | www.casaludwig.cl | €€)*.

LAGO GENERAL CARRERA ⭐ [119 F4]

120 km südlich von Coihaique erstreckt sich der größte See Chiles (2240 km²) und der mit 590 m tiefste Südamerikas: der *Lago General Carrera*, dessen argentinischer Teil *Lago Buenos Aires* heißt. Blaugrün schimmernd und vielarmig verzweigt, liegt er vor der Gipfelkulisse des Patagonischen Inlandeises. Die Carretera Austral führt zunächst an seinem Westufer entlang, vorbei an den Marmorhöhlen bei *Puerto Tranquilo* und mehreren Fishing-Lodges. Während die Carretera ihrem Namen gemäß weiter nach Süden strebt, gelangt man auf einer kurven- und ausblickreichen Stichstraße am Südufer des Sees entlang in den Flecken *Chile Chico*. Von hier verkehrt eine Autofähre nach *Puerto Ibáñez* am Nordufer und ermöglicht eine Rundreise von 550 km ab Coihaique. Eine der schönsten Unterkünfte unterwegs ist die *Terra Luna Lodge* bei Puerto Guadal mit traumhaftem Blick über den See auf die Andengletscher *(6 Bungalows, 4 Ap. | Tel. 2/235 15 19 | www.terra-luna.cl | €€–€€€)*.

PARQUE PUMALÍN   [118 B6]

Nördlich des Städtchens Chaitén liegt eine Perle des Naturschutzes: der Pumalín-Park des US-Ökomillionärs

Harter Job: Goldsucher in Feuerland

Douglas Tompkins. Das „Kleinod" umfasst 360000 ha dicht bewaldeter Berglandschaften, verschlungener Fjorde und versteckter Naturthermen.

Rund um die Fährstation *Caleta Gonzalo* gruppieren sich ein Besucherzentrum mit Restaurant, Campingplatz und Bungalows *(www.parquepumalin.cl | €€)*. Von hier führen Wanderwege durch den Urwald, per Boot geht's zu Seelöwenkolonien im *Reñíhue-Fjord*. Seit den 1990er-Jahren schützt Douglas Tompkins diese Wildnis und ließ sich sogar hier nieder. Trotz teilweise wütender Angriffe seiner Gegner schuf der „grüne Gringo" mit dem Parque Pumalín ein Modell für sanften Tourismus. Mit Ökoplantagen, Gewächshäusern und touristischen Dienstleistungen ist Tompkins längst größter Arbeitgeber der Region.

Nach der Beseitigung der schweren Schäden infolge der heftigen Ausbrüche des Vulkans Chaitén in den Jahren 2008/09 konnten der Parque Pumalín, die Fährstation Caleta Gonzalo und die Verbindung

> ANS ENDE DER WELT
Auf dem Wasser durch Patagonien und Feuerland

Diese Touren sind über deutsche Reisebüros buchbar:
Kanaltour: Jeden Montag fährt ein Schiff von Puerto Montt durch die westpatagonischen Kanäle und über den offenen Golfo de Peñas („Golf der Leiden") nach Puerto Natales (Fr zurück). *3 Tage | 340–1980 US$ je nach Komfort, mit Verpflegung | www.navimag.cl*
Laguna San Rafael: Der San-Rafael-Gletscher und die im Fjord schwimmenden Eisberge werden von mehreren Gesellschaften angefahren. Navimag (s.o.) bietet die „Puerto Edén" auf (5 Tage ab Puerto Montt), die Katamarane

von *Patagonia Connection* (in Kombination mit dem Thermalhotel Puyuhuapi, *www.patagonia-connection.com*) und *Catamaranes del Sur (www.catamaranesdelsur.cl)* schaffen die Tour ab Puerto Chacabuco an einem Tag.
Feuerland/Kap Hoorn: Mit zwei Abenteuerkreuzern kann man die Gletscher, Wälder und Pinguinkolonien Feuerlands inklusive Landgängen erleben. Ausgangspunkte sind Punta Arenas (Chile) oder Ushuaia (Argentinien), Höhepunkt *(4–5 Tage | 1050–3110 US$)* ist der Besuch von Kap Hoorn, der Südspitze Amerikas *(www.australis.com).*

Pumalín–Chaitén Anfang 2011 wieder für Touristen geöffnet werden.

FEUERLAND

[121 D–F4–6] **Schneegekrönte Berggipfel und knorrige Bäume spiegeln sich im kristallklaren Wasser. Dampfschiffenten und Seegrasgänse paddeln schnatternd davon. Der Geruch von Tang und Seesalz, von Torf und Erde, vom Rauch des Lagerfeuers steigt in die Nase. Sich auf dem weichen Moosteppich ausstrecken, in die Sonne blinzeln, die Märchenlandschaft betrachten ... So einladend mag Feuer**land bei Sonnenschein sein – doch das ist nicht die Regel. Meist stürmen kalte Winde über die Fjorde und Berge, und die knorrigen Südbuchen kauern sich kaum 1 m hoch in die geschützten Senken.

Feuerland sei der Eingang zum Hades, berichteten die ersten Seefahrer schaudernd von diesem stürmischen Stück Erde. Heute stellt sich das weniger dramatisch dar. Man braucht nur von Punta Arenas aus mit der Autofähre über die Magellan-Straße nach Porvenir überzusetzen *(tgl. 9 Uhr | 2,5 Std.)* – und schon betritt man Tierra del Fuego. Wer in dem nüchternen Steppenstädtchen *Porvenir* (4500 Ew.) übernachten will, hat keine große Wahl; die beste Unterkunft ist noch *Los Flamencos (Ten. Merino | Tel. 61/58 06 11 | €)*.

Ein Tagesausflug nach Cameron und zum *Lago Blanco* [121 D–E4–5] an der bewaldeten Nordflanke der Darwin-Kordillere gibt eiligen Reisenden einen guten Überblick über die Geografie. Der Lago Blanco ist ein Paradies der Biber, Wildenten und Angler.

Yachtausflug in die Laguna San Rafael

Puerto Williams [121 E5], Chiles äußerster Vorposten (5000 Ew.) auf der zum Feuerland-Archipel gehörenden *Isla Navarino*, ist nur sehr aufwendig auf dem Luft- oder Seeweg zu erreichen. In der südlichsten ständig bewohnten Siedlung der Welt leben die letzten Nachfahren der Yagan-Indianer, von deren Lebensweise das *Museo Martín Gusinde* lebendig erzählt *(unregelmäßig geöffnet)*. Botanikfreunde sollten dem *Parque Etnobotánico Omora (www.omora.org)* einen Besuch abstatten. Und die südlichste Kneipe der Welt **Insider Tipp** wurde – man glaubt es kaum – in Deutschland gebaut! Ein ehemaliger Rheindampfer diente als Versorgungsschiff für Puerto Williams, bevor er zur Yachthafenbar *Micalvi* umfunktioniert wurde.

Übernachten kann man gut im *Refugio Coirón*, wo der deutsche Seebär Wolf Kloss gestrandet ist, der für Besucher auch Segeltörns bis in die Antarktis organisiert *(Tel. 61/62 12 27 | www.simexpeditions.com | €€)*.

PUERTO NATALES

[120 C3] **Die Kleinstadt (17 000 Ew.) ist Verwaltungssitz der Provinz Ultima Esperanza („Letzte Hoffnung"), und sie macht diesem Titel durchaus Ehre.** Puerto Natales wurde Ende des 19. Jhs. von

■ ESSEN & TRINKEN ■

LA BURBUJA

Königskrabben, Riesenmuscheln und saftige Steaks. *Manuel Bulnes 300 | Tel. 61/41 42 04 | €€*

EL NUEVO MARÍTIMO

Hier kocht der Chef selbst, redlich und preiswert. *Pedro Montt 214 | €*

Insi Ti

Faszinierende Eiswand: Grey-Gletscher im Nationalpark Torres del Paine

deutschen Schafzüchtern gegründet – den leicht verschlafenen Charakter einer Provinzstadt hat der Ort bis heute nicht abgelegt. Patagonische Wellblechbauten stehen neben norddeutschen Klinkerhäusern und modernen Hotels. Puerto Natales ist der Ausgangspunkt für Touren in den *Nationalpark Torres del Paine* und in die umliegende Fjordlandschaft.

■ ÜBERNACHTEN ■

ALTIPLANICO SUR 🌿 📶

Geschmackvolles Boutiquehotel, 3 km außerhalb, mit Fjordblick. *22 Zi. | Huerto 282 | Tel. 61/41 25 25 | www.altiplanico.cl | €€€*

FLORENCE DIXIE

Gute Mittelklasse, frisch modernisiert. *Manuel Bulnes 655 | Tel. 61/*

> *www.marcopolo.de/chile*

41 11 58 | *www.chileanpatagonia.com/florence* | €€

INDIGO 🔊

Todschick, dabei gemütlich, unter dem Dach ein ✹ Wellnessbereich mit Blick auf die Bucht. *29 Zi.* | *Ladrilleros 105* | *Tel. 61/41 36 09* | *www.indigopatagonia.com* | €€–€€€

■ AUSKUNFT ■

INFORMACIÓN TURÍSTICA
Städtisches Infobüro im *Historischen Museum;* sehr hilfsbereite Mitarbeiter. *Bulnes 285* | *Tel. 61/41 12 63*

■ ZIELE IN DER UMGEBUNG ■

**BALMACEDA- UND
SERRANO-GLETSCHER**   [120 B2–3]
Ein Bootstrip ab Puerto Natales entführt in die Welt der Fjorde und Kanäle. Nebelwälder bedecken die Ufer, Kormorane nisten an den Wänden, Seelöwen räkeln sich auf Felsen. Vom Südlichen Patagonischen Eis stoßen die Gletscher Balmaceda und Serrano herab in den Pazifikarm. Wer will, kann in Schlauchboote umsteigen und flussaufwärts auf dem Río Serrano in den Nationalpark Torres del Paine fahren. *Buchungen über jede Agentur* | *Tagestour 50–60 US$*

**PARQUE NACIONAL
TORRES DEL PAINE** ⭐   [120 B2]
130 km nördlich von Puerto Natales liegt eines der attraktivsten Reiseziele des Landes. Der *Nationalpark Torres del Paine,* von der Unesco zum Biosphärenreservat erklärt, zählt zu den wunderbarsten Berglandschaften der Erde. In seinem Zentrum ragen die Felsnadeln des Massivs abrupt aus der Steppe auf. Im Norden begrenzt der *Dickson-Gletscher* das Gebirge, im Süden eine Perlenkette von Gletscherseen und im Westen der *Grey-Gletscher.* Das granitene Paine-Massiv ist wegen seiner Steilwände eine Herausforderung für Bergsteiger. Der Zugang zu dieser Märchenwelt aus Eis, Fels und dunklem Wald erfolgt über Schotterpisten von Natales aus per Mietwagen oder Linienbus.

Schon bei einer Tagestour bekommt man einen Eindruck von den Wildwassern, Gletscherseen und Bergriesen. Die schönsten Ecken erschließen sich aber nur per pedes. Touren organisieren so gut wie alle Reisebüros in Puerto Natales und Punta Arenas. Für Wanderer steht ein Netz von Campingplätzen und Hütten bereit. In den Hotels im Park verdoppeln sich in der Saison (Nov. bis März) die Preise, so in der *Hostería Lago Grey* neben den Eisbergen

>LOW BUDGET

> Das beste Backpacker-Hostel weit und breit gibt es in Puerto Natales: *Erratic Rock,* freundlich, Ausrüstungsverleih für Touren im Torres-del-Paine-Park. *Baquedano 719* | *Tel. 61/41 03 55* | *www.erraticrock.com*

> In Punta Arenas über Chiles schönsten Friedhof (Eintritt frei) schlendern und die prunkvollen Mausoleen bestaunen: So nobel wohnen viele Lebende nicht. *Av. Bulnes/Ecke Correa* | *tgl. 8–20 Uhr*

> In Puerto Natales essen Sie günstig im *La Mesita Grande*: alle um einen großen Tisch, und dann kommt die Pizza (ab 6 Euro). *Arturo Prat 196* | *Tel. 61/41 15 71*

des Grey-Sees, von wo auch eine Schiffstour zur Gletscherwand startet *(Tel. 61/41 02 20 | www.lagogrey.cl | €€€)*.

PUNTA ARENAS

[120 C4] ⭐ **Schafe und Fische haben der Hafenstadt (120000 Ew.) an der Magellan-Straße Reichtum gebracht. Ihre politische Bedeutung errang die Stadt aus dem Wettstreit mit Argentinien, die Südspitze des Kontinents zu besetzen, und als Bunkerstation in der Zeit vor der Existenz des Panama-Kanals.** Den herben Charme eines Vorpostens der Zivilisation am Ende der Welt hat die Stadt bis heute nicht abgelegt. Ab Mitte des 19. Jhs. zogen Immigranten aus Europa in die aufblühende Stadt, deren Hinterland von Schaffarmern belegt wurde. Einige Paläste künden noch vom alten Glanz, besonders jene der Dynastie des Wollbarons José Menéndez, des „Königs von Feuerland". Punta Arenas ist der Ausgangspunkt für alle Exkursionen in die labyrinthische Inselwelt Feuerlands und in die Antarktis.

■ SEHENSWERTES ■

Rund um die *Plaza de Armas* liegen die Stadtpaläste der Schafbarone. Der interessanteste Weg zum Hafen führt über die Küstenstraße *Costanera* (offiziell O'Higgins). Hier liegen noch einige rostige Pötte vertäut, die nur noch als Pontons dienen. Wer auf dem Rückweg über die Straßen Roca und Fagnano zum *Cerro de la Cruz* aufsteigt, wird mit einem ✳ Blick über die Stadt, die Magellan-Straße und die Nordküste Feuerlands belohnt.

PALACIO BRAUN-MENÉNDEZ

Inside Tip

In dem prächtigen Stadtpalast vermittelt die erlesene, aus Europa importierte Inneneinrichtung eine Ahnung davon, wie fürstlich die patagonische High Society einst lebte. *Di–Sa 10.30–17, So 10.30–14 Uhr | Magallanes 949*

Fürstlicher Pomp: Palacio Braun Menéndez in Punta Arenas

■ ESSEN & TRINKEN ■

CENTRO ESPAÑOL

Volkstümliches Lokal mit Riesenportionen. *Pl. Muñoz Gamero 771 | €*

EL REMEZÓN

Lamm, Guanako, Nandu, Biber: exotisch und vorzüglich. *So geschl., | 21 de Mayo 1469 | Tel. 61/24 10 29 | €€*

SOTITO'S

Exquisite Königskrabben und anderes Meeresgetier. *O'Higgins 1138 | Tel. 61/24 35 65 | €€€*

■ ÜBERNACHTEN ■

CABO DE HORNOS 🔊

Stadtpalast im Zentrum, guter Service. *111 Zi. | Pl. Muñoz Gamero 1025 | Tel. 61/71 50 00 | www.hoteles-australis.com | €€€*

CÓNDOR DE PLATA 🔊

Familiäres Hotel, benannt nach dem Feuerland-Flieger Gunther Plüschow. *15 Zi. | Av. Colón 556 | Tel. 61/24 79 87 | www.condordeplata.cl | €*

JOSÉ NOGUEIRA 🔊

Elegantes Hotel der Gründerzeit. *25 Zi. | Bories 957 | Tel. 61/71 10 00 | www.hotelnogueira.com | €€€*

■ AUSKUNFT ■

AONIKENK

Hilfsbereite deutschsprachige Agentur. *Magallanes 570 | Tel. 61/22 83 32 | www.aonikenk.com*

■ ZIELE IN DER UMGEBUNG ■

PINGUINKOLONIEN ★   [120 C4]

In der Nähe von Punta Arenas lassen sich Magellanpinguine gut beobachten. Auf dem Landweg erreicht man die Kolonie am *Seno Otway*, einer weiten Pazifikbucht, an der die bis zu 70 cm großen Vögel in Erdhöhlen nisten. Markierte Pfade führen durch Teile des Brutgebiets, die Tiere sind

Magellanpinguine in Fotopose

an die Nähe kameraschwingender Zweibeiner gewöhnt. Noch eindrucksvoller ist die Kolonie auf der kahlen *Isla Magdalena* in der Magellanstraße, wo bis zu 250 000 Pinguine leben (Tagestour per Schiff).

WALBEOBACHTUNG   [120 B-C4]

Rund um die *Isla Carlos III* im Nordwestarm der Magellan-Straße werden regelmäßig Buckelwale gesichtet. Der Anblick dieser seltenen, bis zu 16 m langen und 30 t schweren Giganten lohnt die beschwerliche Schiffs- und Schlauchboottour durch die kühlen, regenreichen Pazifikfjorde allemal. *Mindestens 3 Tage | ab 900 US$ | www.whalesound.com*

> MYTHEN UND LEGENDEN IM PAZIFIK

Juan-Fernández-Archipel und Osterinsel: sagenumwobene
Außenposten im Meer

> Weit draußen im Pazifischen Ozean,
700 bzw. 3800 km vom Festland entfernt,
liegen der Juan-Fernández-Archipel und
die Osterinsel, beide zu Chile gehörig.
Als der niederländische Admiral Jakob van Roggeveen 1722 auf Letztere
stieß, war gerade Ostersonntag, und
so taufte er die Insel *Isla de Pascua,*
Osterinsel. Machen Sie sich auf sub-
tropische Landschaften, literarische
Legenden und geheimnisvolle Kultu-
ren gefasst!

JUAN-FERNÁNDEZ-ARCHIPEL

[0] 1704 ließ sich der schottische See-
mann Alexander Selkirk nach einem Streit
mit seinem Korsarenkapitän auf diesem
unbewohnten Eiland mitten im stürm-
ischen Pazifik freiwillig aussetzen. Vier
Jahre und vier Monate verbrachte der

Bild: Robinson Crusoe, die Hauptinsel des Juan-Fernández-Archipels

DIE INSELN

Schotte als Einsiedler auf der Insel, bis ihn schließlich ein englischer Freibeuter an Bord nahm. Zeitungsberichte über seine Abenteuer inspirierten den englischen Schriftsteller Daniel Defoe zu seinem weltberühmten Roman „Robinson Crusoe" (1719).

Der Archipel, dessen Hauptinsel *Robinson Crusoe* mit 44 km² nicht halb so groß ist wie Sylt, liegt 700 km vor der Küste Chiles und einige Tausend Seemeilen von jeder anderen Insel im Pazifik entfernt. Schroff und düster steigt das Land jäh aus dem Meer, 915 m erreicht der Gipfel des *Yunque*. Ein Ort, so recht geeignet für Verbannte – und für literarische Spurensucher. Oder für Botaniker, denen die Insel, von der Unesco zum Biosphärenreservat erklärt, eine spannende Flora zu bieten hat. Nach dreistündigem Schaukelflug von Santiago werden Reisende und Gepäck auf einen altersschwachen Jeep geladen, der hinunter ans Wasser rumpelt. Von dort tuckert man im Boot um die halbe Insel herum, bis sich die *Bahía Cumberland* öffnet. Der einzige Ort der Insel, *Juan Bautista* (700 Ew.), hat 100 Holzhäuser und kleine Pen-

Die Moais der Osterinsel geben noch immer Rätsel auf

sionen. Alle ufernahen Häuser wurden von einer Flutwelle infolge des Erdbebens im Februar 2010 zerstört.

Die Menschen hier leben vom Langustenfang und vom Tourismus. Die beste Zeit, die „Robinson-Insel"

zu besuchen, ist Oktober bis März. *Lassa (Tel. 2/273 52 09 | lassa@ter ra.cl)* bedient die Insel mit fünfsitzigen Maschinen (hin und zurück ca. 600 Euro). Guten Service, Exkursionen und Essen bietet das *Refugio Náutico (Wiedereröffnung Anfang 2011 | 7 Zi.| Tel. 32/275 10 77 | www. islarobinsoncrusoe.cl | €€).*

OSTERINSEL

[0] ⭐ **Der dreieckige, 166 km² große Vulkanbrocken im Pazifik – zum Vergleich: Die deutsche Ostseeinsel Fehmarn ist 185 km² groß – heißt in der Sprache der Ureinwohner *Rapa Nui* („großer Flecken").** Legenden sprechen auch von *Te Pito o te Henua*, dem „Nabel der Welt". Die Geschichte seiner Besiedlung und Kultur stellt die Wissenschaft immer noch vor Fragen. Heute gilt als sicher, dass um 350 n. Chr. die ersten polynesischen Seefahrer mit ihren Auslegerbooten hier landeten. In ihrer Jahrhunderte dauernden Isolation entwickelten die Rapa Nui eine einzigartige Kultur. Deren eindrucksvollste Ausprägung, die Moai – bis zu 21 m hohe, tonnenschwere Standbilder –, sind Porträts von Stammeshäuptlingen. Sie wurden auf *Ahu* genannten steinernen Begräbnisstätten errichtet. Auf dem Kopf saß der runde *Pukao* aus rötlichem Lavastein. Die Augen blickten starr ins Landesinnere. So beschützten die Ahnen ihre Nachfahren. Zur Blütezeit dieser Kultur säumten an die 600 Moais die Küste. Rund 400 unvollendete Statuen blieben am Kraterhang des Vulkans Rano Raraku liegen. Ende des 16. Jhs. kam es zur Katastrophe durch Überbevölkerung und Raubbau an den Ressour-

cen. Es fehlte an Holz, um neue Schiffe für den Fischfang zu bauen, die Erosion schwemmte Ackerboden ins Meer, ein Bürgerkrieg brach aus. Nach blutigen Kämpfen stürzte man die Moais der jeweils gegnerischen Sippe um. Als James Cook 1774 auf der Osterinsel landete, sah er keinen aufrecht stehenden Moai mehr. Eine Kultur war implodiert.

In den folgenden Jahrzehnten liefen immer mehr weiße Seefahrer das baumlose Eiland an. Europäische Seeleute, amerikanische Walfänger und peruanische Sklavenhändler entführten, vergewaltigten und ermordeten die Menschen von Rapa Nui. Eingeschleppte Krankheiten breiteten sich aus. Hatte Roggeveen 1722 noch 20 000 Einwohner geschätzt, waren es um 1870 nur noch knapp 100.

Seit 1888 gehört die 3765 km vom Festland entfernte Osterinsel zu Chile. Die meisten der heute 3800 Bewohner leben im einzigen Ort, *Hanga Roa*. Haupteinnahmequelle ist der Tourismus. Einige der Moais wurden restauriert und wieder aufgerichtet. Mindestens viermal pro Woche landet LAN *(www.lan.com)* nach einem Fünf-Stunden-Flug aus Santiago auf der überlangen Landebahn, die als Ausweichpiste für das Space Shuttle ausgebaut wurde.

Einmal im Jahr, Anfang Februar, besinnen sich die Menschen von Rapa Nui intensiv auf ihre Traditionen. Über Monate hinweg bereiten sie das *Tapati-Fest* vor. Tänze und Gesänge werden geübt, Kostümschneider, Schnitzer und Tätowierer haben Konjunktur. Die jungen Männer trainieren für gefährliche Wettkämpfe wie „Rodeln" auf Bananen-

stauden am Steilhang, Wettschwimmen und Paddeln über den Vulkansee. Am Ende der zweiwöchigen Feiern wird die Königin gekrönt. Die Zeremonie findet bei Mond- und Fackelschein unter dem starren Blick der Moai-Statuen statt.

Im Flughafen bieten Reisebüros, Hotels und Pensionen ihre Dienste an. Alles ist teurer als auf dem Festland. Nehmen Sie genug Bargeld mit, Kreditkarten werden nur in besseren Hotels und Restaurants akzeptiert.

■ ESSEN & TRINKEN ■
AVAREIPUA
Typisch und gemütlich essen Sie in diesem Restaurant am Hafen von Hanga Roa. Besitzer Hermann Fritsch spricht Deutsch und bietet auch Touren auf der Insel an. *Tel. 32/210 04 31 | hfritsch@entelchile.net | €*

CAFE RA'A ▶▶
Petra Klimscha verwöhnt mit Kuchen, Kaffee und kleinen Gerichten. *Atamu Tekena | Tel. 32/255 15 30 | €*

■ ÜBERNACHTEN ■
GOMERO
Familiäres Hotel, Pool, gutes Essen. *12 Zi. | Tu'u Koihu | Tel. 32/210 03 13 | www.hotelgomero.com | €€€*

O'TAI
Üppig begrünt, zentral, gut. *30 Zi. | Te Pito o Te Henua | Tel. 32/210 02 50 | www.hotelotai.com | €€€*

■ AUSKUNFT ■
RAPA NUI TRAVEL
Hilfsbereite, kenntnisreiche Agentur (deutschsprachig). *Tel. 32/210 05 48 | www.rapanuitravel.com*

1 DIE GROSSE WÜSTENTOUR

Die Tour durch den Hohen Norden steht beispielhaft für mehrere mögliche Rundkurse, die einen Eindruck von den Weiten der Atacamawüste vermitteln. Sie verläuft auf Asphaltstraßen, zunächst von Iquique an der Küste entlang nach Antofagasta, von dort über die Panamericana, R 5, und die R 25 nach Calama. Von Calama führt ein Abstecher nach San Pedro de Atacama in das Herz der Wüste. Zurück geht es über die Kupfermine Chuquicamata auf der R 24 nach María Elena, von dort über die Panamericana wieder nach Iquique. Die Gesamtstrecke beträgt rund 1300 km; Sie sollten mindestens eine Woche veranschlagen. Natürlich kann man sich auch eine Teilstrecke aussuchen.

Iquique–Antofagasta: Die übliche Nord-Süd-Verbindung verläuft über die Panamericana durch die nordchilenische Pampa – vorbei an den

Bild: Kupfermine Chuquicamata

AUSFLÜGE & TOUREN

zahlreichen ehemaligen Salpeterminen. Die R 1 dagegen führt unmittelbar an der einsamen Pazifikküste entlang. Wer auf ihr die 420 km nach **Antofagasta** *(S. 31)* zurücklegt, kommt an verlassenen Fischernestern und wilden Felsenbuchten vorbei. Erst in **Chanabayita** (60 km) tauchen wieder einige Hütten auf; hier gibt es sogar ein Fischrestaurant. Über eine touristische Infrastruktur verfügt diese Region nicht. Wenige Kilometer

weiter türmen sich riesige Salzberge aus dem „größten Salzfass der Welt", **Salar Grande**, auf. Bei **El Aguila** (80 km) sind schöne Badebuchten zu finden; nebenan bei **Pabellón de Pica** wird heute noch an den Klippen Guano abgebaut. Ein Gedenkstein in dem gottverlassenen Ort erinnert an die chinesischen Tagelöhner, die man im 19. Jh. für diese gefährliche Arbeit eingesetzt hat. Bei km 147 (Zollstation) überquert die Straße die Mündung des

Río Loa, des einzigen Flusses im Hohen Norden, der das Meer erreicht. **Tocopilla** (227 km) war zur Zeit des Salpeterbooms eine sehr belebte Hafenstadt. Reihengräber im Wüstensand erinnern noch daran. **Mejillones** (358 km) ist der Badeort der Großstadt, deren Skyline man bald darauf auftauchen sieht.

Antofagasta–Calama: Sie verlassen Antofagasta über den nördlichen Zubringer zur Panamericana, auf die Sie nach 13 km und zahlreichen Serpentinen stoßen, die durch das schottrige Küstengebirge auf etwa 1200 m Höhe führen. Von da an fahren Sie schnurgerade über die Panamericana durch eine tischebene Wüste, deren Monotonie nur von Eisenbahnlinien und verlassenen Salpeterminen unterbrochen wird. Nach 100 km erreichen Sie den Abzweig der R 25 rechts nach Calama. Fahren Sie trotzdem noch etwa 1 km weiter auf der R 5 zur **Salpetermine Chacabuco** *(S. 33),* der am besten erhaltenen Geisterstadt in der Wüste. Zurück zum Abzweig der R 25 fahren Sie an zwei Dutzend *oficinas* vorüber, von denen außer Erdhügeln und Friedhöfen kaum noch etwas zu sehen ist. Ca. 30 km vor **Calama** *(S. 37)* durchqueren Sie eine Hügelkette, von deren Höhen man bereits einen Blick auf die Anden werfen kann.

Calama–San Pedro de Atacama: Aus Calama führt die R 23 in Richtung Südosten hinaus und in weiten Schwüngen durch eine unwirkliche Mondlandschaft. Der wolkenlose, blaue Himmel wird durch die heißen Gesteinsflächen reflektiert, und Sie glauben, auf riesige Seen zuzusteuern: eine echte Fata Morgana.

Bis Sie tatsächlich den ersten grauweißen Salzsee ausmachen. Die schneebedeckte Andenkette im Osten bildet dazu eine traumhaft unwirkliche Kulisse. Etwa 20 km vor **San Pedro de Atacama** *(S. 45)* durchquert die Straße in engen Kurven die **Cordillera de la Sal,** die wild verwitterte Salzkordillere, und senkt sich hinab in die grüne Oase, in die das Dorf eingebettet ist. Vom Stützpunkt San Pedro aus lassen sich gut die nahen Naturwunder erreichen. Zur Fortsetzung der Tour müssen Sie zurück nach Calama.

Calama–Chuquicamata–María Elena: Von Calama führt eine veritable Autobahn zur 16 km entfernten, weltweit größten offenen Kupfermine in **Chuquicamata** *(S. 38).* Einen halben Tag zum Besuch des Tagebaus sollten Sie einplanen. Über die R 24 geht es von Chuquicamata weiter: recht rau durch die Berge nach Westen und dann 70 km wie mit dem Lineal gezogen sanft fallend und ohne jede Siedlung am Rande (aber mit Hochspannungsmasten) zurück zur Panamericana – die eintönigste Straße, die man sich denken kann! **María Elena** liegt etwa 15 km westlich der Panamericana; es ist eine reine „Company-Town" mit der letzten noch in Betrieb befindlichen Salpeterraffinerie, die die Luft verpestet. Im Ort gibt es zwei recht primitive Hotels, die üblichen Kantinen mit einfachen Speisen sowie neben der Kirche ein winziges, aber eindrucksvolles *Museum* mit Exponaten zu prähispanischer Kultur und zur Geschichte der Salpeterminen.

María Elena–Iquique: Das eintönig schnurgerade Asphaltband der Panamericana führt Sie die 320 km zu-

Insi Tip

rück nach **Iquique** *(S. 40).* Etwa 100 km vor dem Ziel kommen Sie durch den Naturpark **Pampa del Tamarugal**, wo auf einer Fläche von 23000 ha mühselig angepflanzte *tamarugos* (Harthölzer, die gegen die Trockenheit immun sind) wachsen. Am Abzweig der R 16 nach Iquique

Patagonien auf sich nehmen. In den Zentralanden, im Herzen des Landes, finden Naturfreunde, was in den Alpen selten geworden ist: Einsamkeit inmitten wilder Bergkulissen. Der hier vorgestellte Rundwanderweg „Circuito Los Cóndores" wurde vor kurzem erstmals beschrieben, und nur wenige haben ihn bislang komplett begangen.

Circuito de los Cóndores: Phantastische Naturerlebnisse sind garantiert

liegen die **Oficina Humberstone** und die **Oficina Santa Laura** *(S. 41),* zwei verlassene Salpeterminen, die einen Besuch lohnen. Bis nach Iquique sind es dann noch rund 50 km hinab zur Küste.

2 AUF EINSAMEN ANDENPFADEN

Wer unberührte, imposante Landschaften sucht, der muss nicht die weite Reise in die Atacamawüste oder nach

Das liegt freilich nicht nur daran, dass die Anden bei Talca auch bei Chilenen kaum bekannt sind. Vielmehr fordern fehlende touristische Einrichtungen und kaum markierte Wege dem Bergwanderer einiges ab. Es wird daher dringend geraten, sich ortskundigen Führern oder einer organisierten Tour anzuvertrauen. Kontakte finden sich unter *www.trekking chile.com*, dort kann auch die dazugehörige Wanderkarte bestellt werden. Für den ganzen Rundkurs

(8–10 Tage) sollte man Packpferde mieten, die die Lebensmittel tragen und auch bei Flussquerungen nützlich sind. Auch Teilstrecken sind möglich, z. B. zum Enladrillado (1–2 Tage), zum Vulkan Descabezado Grande (4–5 Tage) oder zu Laguna Mondaca (4–5 Tage). Von November bis April kann man mit trockenem, sonnigem Klima rechnen.

Ausgangspunkt ist Talca, 250 km südlich von Santiago und gut per Zug und Bus zu erreichen. 66 km östlich der Provinzhauptstadt liegt auf gut 1000 m Höhe die kleine Feriensiedlung Vilches; bis hierher verkehren noch Busse. In Vilches beginnen das Naturreservat Altos de Lircay und die Wanderung. Durch alte Südbuchenwälder geht es zunächst zur tief eingeschnittenen Schlucht des Río Claro. Einen Abstecher lohnt die natürliche Plattform Enladrillado, wo die Einheimischen angeblich immer wieder Ufos sichten. Der hüfttiefe Claro-Fluss muss mehrfach über- bzw. durchquert werden, bevor man durch das Blanquillo-Tal hinaufsteigt zu den unwirklich anmutenden Aschefeldern rings um den „geköpften" Vulkan Descabezado Grande (3953 m), die an die Filmszenerie in „Der Herr der Ringe" erinnern. Die mühsame Kraxelei zum eisgefüllten Krater wird mit dem tollen ✳ Rundblick auf die teils vergletscherten Anden belohnt.

Weitere zwei Tage sind es zu den heißen Schwefelquellen am Estero Volcán. Nur Kondore und Andenfüchse begleiten den Wanderer; ein gelegentlicher *arriero* (Viehhirte, mitunter auch -schmuggler) freut sich vielleicht über Gesellschaft. Ein Abstecher führt zur Basaltschlucht des Río

Lontué und zur tiefblauen Laguna Mondaca. Vorbei an der Laguna Ánimas und einem versteinerten Urwald geht es dann hinunter ins Valle del Indio mit der Möglichkeit, über den Nationalpark Siete Tazas in die „Zivilisation" zurückzukehren (Busse verkehren ab dem Parkeingang). Wer den Rundweg komplettieren will, erklimmt stattdessen die Gebirgskette Guamparo mit herrlichen Panoramablicken auf die Wildnis und kehrt zurück nach Vilches.

3 MIT BUS UND BOOT ÜBER DIE ANDEN

Im Schatten schneebedeckter Vulkane und stiller Südzypressenwälder pflügt man im Nationalpark Vicente Pérez Rosales durch kristallklares Wasser, bewundert die Reinheit der Natur, die Melancholie der Einsamkeit, die Düsternis der Nebelwälder. Der Traumtrip quer durch die südlichen Anden führt mit Bus und Boot über drei Seen und die Ländergrenze (Reisepass nicht vergessen!) bis nach Bariloche in Argentinien und eventuell über eine Alternativroute zurück. Die Strecke (rund 200 km) kann im Sommer an einem langen, durch mehrfaches Umsteigen zwischen Bussen und Booten sehr anstrengenden Tag bewältigt werden. Im Winter sind es obligatorisch zwei Tage. Leichtes Gepäck und regenfeste Kleidung sind zwingend erforderlich.

Ausgangspunkt ist Puerto Montt (S. 66), das der Bus morgens um 8 Uhr verlässt. Nach 20 km wird Puerto Varas am Lago Llanquihue (S. 67) erreicht . Entlang des Südufers geht es – den majestätischen Kegel des Vulkans Osorno (2652 m) immer im Blick – nach Petrohué am Lago Todos Los

Santos. Unterwegs wird Pause gemacht, um die Kaskaden des Río Petrohué zu besichtigen. In Petrohué wartet ein Katamaran auf die Passagiere, um sie über den unberührten **Lago Todos Los Santos** nach **Peulla** zu bringen, wo im Hotel *Peulla (€€€)* ein Mittagessen serviert wird (im Winter wird hier übernachtet). Wer möchte, kann natürlich auch im Sommer länger bleiben und in den hier dicht bewaldeten Anden ==wandern oder reiten==.

Peulla ist schon chilenischer Grenzposten, danach folgen zwei Stunden Schotterpiste (23 km) über den Pass Pérez Rosales (1022 m) und durch schweigende Wälder zum argentinischen Grenzposten **Puerto Frías**. Dort folgt die Einschiffung über den gleichnamigen kleinen See (20-Min.-Trip) nach **Puerto Alegre**; von dort weiter mit dem Bus nach **Puerto Blest**. Und wieder weiter mit einem Katamaran in 90 Minuten über einen Seitenarm des gigantischen **Lago Nahuel Huapi**, nach **Puerto Pañuelo**. Von dort fährt der Bus in ca. 60 Minuten ins Zentrum von Bariloche.

Bariloche (50000 Ew.) bietet wenig Attraktionen – wenn man von den zahlreichen Kuchen-Kaffee-Salons und dem pseudoalpinen Baustil der Häuser absieht. Sie sollten sich zum Abschluss der Andendurchquerung ein Luxusgeschenk leisten und im „schönsten Hotel Südamerikas", dem *Llao-Llao Hotel and Resort*, absteigen, das dem ungarischen Investor George Soros gehört. Das 1940 im imperialen Alpinstil errichtete Hotel liegt auf einer Halbinsel des Lago Nahuel Huapi oberhalb der Anlegestelle Puerto Pañuelo. 164

Mit dem Katamaran geht's quer über den Lago Todos Los Santos

luxuriöse Zimmer, 14 Suiten – alle mit herrlichem Blick – dazu Pool, Golfplatz, Reitpferde, Segelboote etc. *Buchung: Tel. 005411/57 76 74 50 (Argentinien)* | *www.llaollao.com* | *€€€*

Die Rückreise können Sie per Bus über den Puyehue-Pass antreten. Dabei umrundet man den **Lago Nahuel Huapi** und gelangt auf chilenischer Seite durch den Nationalpark Puyehue wieder hinunter nach Osorno und Puerto Montt. Die hier beschriebene Tour kann über Reisebüros gebucht werden *(Info: www.cruceandino.com)* und kostet ohne Unterkunft ca. 190 Euro pro Person.

EIN TAG IN SANTIAGO DE CHILE

Action pur und einmalige Erlebnisse.
Gehen Sie auf Tour mit unserem Szene-Scout

WAKE UP

8:00

Der Tag wird aufregend. Also erstmal in Ruhe frühstücken und im *Café Concepto* einen der besten Espressi Santiagos genießen. Der macht fit und ist mit einem frischen Croissant der perfekte Starter. Zurücklehnen, in den Szenezeitschriften blättern und der Stadt beim Erwachen zusehen. **WO?** *José Miguel de la Barra 456 | Tel. 26 39 62 69*

9:30

B-SEITEN

La Bicicleta Verde zeigt Ihnen eine andere Seite von Santiago. Die „B-Seiten"-Tour führt durch die weniger bekannten, aber nicht minder sehenswerten Viertel der Stadt. Im Rahmen des dreistündigen Spaziergangs lernen Sie z. B. Einwandererstadtteile wie Patronato kennen. **WO?** *Av. Santa María 227 | Kosten: circa 50 US$ | www.labicicletaverde.com*

CLASSIC LUNCH

13:00

Zum Mittagessen gibt's einen Klassiker in Santiagos Zentrum: Empanadas! Im *Rápido* sind die gefüllten Teigtaschen besonders lecker, und der einfache Imbiss ist wegen seiner Qualität zu einer Institution in der Stadt geworden! Kombis wie Empanadas mit Käse und Jakobsmuscheln genießen. Am besten den Koch nach seiner Empfehlung für die leckerste Füllung fragen und überraschen lassen! **WO?** *Bandera 347 | Tel. 622 23 75*

14:30

NACHTISCH

Das Dessert gibt es auf die Hand. Und zwar bei *Emporia la Rosa*. Die beste Eisdiele der Stadt versorgt Feinschmecker nicht nur mit Schokoladen- und Vanilleeis. In dem Eiscafé in Lastarria gibt es ungewohnte Aromen und Kombinationen wie Rose, Schoko-Basilikum oder Kastanie. Der einzige Wermutstropfen? Vor dem Geschäft bilden sich schon mal Menschenschlangen. Aber das Warten lohnt sich! **WO?** *Merced 291*

24h

MARKTLUFT

15:30

Auf zum Sinnesrausch auf dem Obst- und Gemüsegroß-markt *La Vega Central*. An den Ständen reihen sich saftige Ananas an erfrischende Limonen! Da freut sich nicht nur das Auge, auch die Nase wird ununterbrochen von den leckersten Düften gekitzelt. Nicht verpassen: die süßen Weintrauben Chiles. Unglaublich köstlich! **WO?** *Dávila Baeza 700 | www.lavega.cl*

17:30

BALANCEAKT

Nervenkitzel gibt's in der *Mall Sport*. Hier findet man nicht nur alles zum Thema Bewegung, Fitness und Trendsport, sondern auch echte Action wie den Höhenparcours. In luftigen 30 m Höhe läuft man direkt unter der Decke entlang und fühlt sich wie ein Superheld. Aber Vorsicht: Der Adrenalinschub kann süchtig machen! **WO?** *Av. Las Condes 13451 | www.mallsport.cl*

EAT MOLECULAR

21:00

Chefkoch Matias Palomo stand schon an der Seite von Fusion-Meister Ferrán Adrià am Herd und kreiert nun in der Küche des *Sukalde* wahre Kunstwerke. Hier haben Gourmets die Qual der Wahl. Thunfischtatar mit Zitronenschalenpüree und Kaviar an einer Sojareduktion oder doch lieber frittierter Spargel mit Gewürzkürbis in einer Sauce aus frischen Trauben? Nicht nur geschmacklich, sondern auch optisch ein wahres Highlight! **WO?** *Av. Francisco Bilbao 460 | www.sukalde.cl*

23:30

AB IN DEN UNTERGRUND

In der *Batuta* im Stadtteil Ñuñoa trifft sich Santiagos unkonventionelle Musikszene zu Konzerten und Jams. Musiker und Bands aus der Umgebung bringen den Laden regelmäßig zum Brodeln! Dabei sein, abtanzen und die Crème de la Crème des chilenischen Undergrounds bei ihren Sessions live miterleben! **WO?** *Jorge Washington 52, Plaza Ñuñoa | www.batuta.cl*

> ZWISCHEN ANDEN UND PAZIFIK

Trekker und Radler, Rafter und Reiter, Surfer und Gleitflieger sind in Chile goldrichtig

> **Am Morgen auf einen Andengipfel steigen und bei Sonnenuntergang auf den Pazifikwellen surfen? Das klingt verrückt, und doch ist es in etlichen Regionen Chiles möglich: Das Land eröffnet ein faszinierendes Panorama für aktiven Urlaub.** Freilich müssen Sie darauf gefasst sein, dass Ihnen das Angebot nicht auf dem Silbertablett serviert wird. Die touristische Infrastruktur der Alpen oder des Mittelmeers werden Sie in Chile vergebens suchen. Zu den schönsten Orten führt oft nur eine Schotterpiste, die Unterkünfte sind mitunter bescheiden, und Spezialausrüstung bringt man besser selbst mit. Dafür gelingt im dünn besiedelten Chile mühelos, was in Europa längst unmöglich geworden ist: in schönster Natur alleine zu sein. Ein detaillierter Querschnitt der Outdoor-Offerte Mittelchiles findet sich im „Adventure Handbook Central Chile", erhältlich unter *www.trekkingchile.com/karten*.

Bild: Aufstieg auf den Vulkan Villarrica

SPORT & AKTIVITÄTEN

▪ BERGSTEIGEN ▪

Unzählige Gipfel warten auf Erobe-rung, darunter mit dem *Ojos del Salado* (6893 m) der höchste Vulkan Amerikas. Insiderinfos gibt es z.B. unter *www.andeshandbook.cl* (auf Englisch). Wer ganz hoch hinauf will, sollte die Gefahren nicht unterschät-zen und sich fachkundiger Führung anvertrauen, Info z.B. bei *Turismo Caminante (deutschsprachig | Tel. 71/ 197 00 97 | turismocaminante@trek*

kingchile.com). Auch von Ungeübten kann der Vulkan *Villarrica* (2840 m) bestiegen werden. Mehrere Agentu-ren in Pucón bieten die grandiose Tagestour an.

▪ GLEITSCHIRM FLIEGEN ▪

Von der Küstenkordillere hinunter-schweben zum Strand – das können an vielen Stellen schon Anfänger gefahrlos versuchen. Bevorzugte Plätze dafür sind Iquique, Antofagasta, Maitencillo oder Algarrobo. Die Flugschule *Parapente Chile (Tel. 09/ 76 71 28 27 | www.parapente.cl)* bietet wie andere auch Tandemflüge an. Nur Profis sollten sich der schwierigen Thermik der Anden allein aussetzen; dafür sind Langstreckenflüge von 100 km keine Seltenheit.

■ MOUNTAINBIKING ■

Chile hält für MTB-Fanatiker phantastische, aber anspruchsvolle Touren bereit. Nur Extrembiker wagen sich allein in die Wüste, in den Torres-del-Paine-Park oder nach Feuerland. Alle anderen sollten die Erfahrung einer Agentur wie *Pared Sur (Santiago | Tel. 2/207 35 25 | www.paredsur.cl)* nutzen, die Ausrüstung, Begleitfahrzeug, Essen und Unterkunft stellt.

■ RAFTING & KAJAK ■

Mehrere Agenturen, z.B. *Cascada (Tel. 2/232 98 78 | www.cascada.tra vel)*, bieten Raftingtouren an, zu denen Sie außer einer Prise Mut keine Erfahrung benötigen. Zu den Highlights gehören der Río Maipo bei Santiago, der Río Ñuble bei Chillán und der Río Trancura bei Pucón. Auf Kajakfans warten anspruchsvolle Wildwasser. Mutprobe für die Profis: der *Río Futaleufú*. Beratung und Touren unter *www.exchile.com* oder *www.kayakchile.net*.

Weniger Adrenalin wird bei einer Tour im Seekajak durch die Pazifikfjorde Südchiles ausgeschüttet. Das Gefährt erschließt versteckte Naturthermen und Seelöwenkolonien. Verschiedene Agenturen bieten Trips an – meist mit Begleitboot und Camps. Traumhaft: die ==Fahrt durch den Naturpark Pumalín== *(S. 77)* mit *Al Sur (Puerto Varas | Tel. 65/23 23 00 | www.alsurexpeditions.com)*.

■ REITEN ■

In den meisten Nationalparks und Küstenorten kann man ein Pferd mieten und stundenlang die Natur durchstreifen; Infos unter *www.pfer*

Rafting – nichts für Seekranke und Wasserscheue

SPORT & AKTIVITÄTEN

de.trekkingchile.com. Die deutsche Reiterfarm *Hacienda Los Andes* bei Ovalle bietet Ausritte in die Berge (*Río Hurtado | Tel. 53/69 18 22 | www.haciendalosandes.com*). Mit *Cumbre Andina* kann man bei Santiago die Hochanden zu Pferd überqueren (*Santiago | Tel. 2/470 74 60 | www.cumbreandina.cl*), und der Deutsche Mathias Boss (*Pucón | Tel. 09/97 13 97 58 | www.antilco.com*) führt mehrtägige Reittouren durch den Nationalpark Huerquehue im Seengebiet (*S. 73*).

■ WANDERN ■

★ *Die Nationalparks* erschließen sich am besten auf einer Wanderung. Karten sind vor Ort Mangelware, am besten vorab bestellen unter *www.trekkingchile.com/karten*. Die Wege sind nur unzureichend markiert, aber die Parkranger helfen gern. Hin und wieder gibt es eine Schutzhütte oder einen Campingplatz. Nur in wenigen Parks (etwa im Torres del Paine) bieten Hotels größeren Komfort, ansonsten ist bei längeren Touren das Zelt unumgänglich. In einigen Touristenorten wie Puerto Natales oder Pucón kann man Ausrüstung leihen. Wer wenig Zeit hat, fährt in den *Parque Nacional El Morado* vor den Toren Santiagos, ein schroffes, blütenbesätes Gletschertal (1–2 Tage). Von Pucón aus ist der **Parque Nacional Huerquehue** mit seinen verwunschenen Araukarienwäldern und stillen Bergseen zu erreichen (*siehe auch S. 73*).

Insider Tipp

Noch weitgehend unbekannt, bietet das Anden-Schutzgebiet *Reserva Nacional Altos de Lircay* von der Tageswanderung im Naturwald bis zur Vulkanbesteigung für jeden etwas. Großartig ist die **Tour zum UFO-Landeplatz** *Enladrillado* (2 Tage). Infos und Unterkunft finden Sie im fabelhaften *Gästehaus Casa Chueca* in Talca (*deutschsprachig| Tel. 71/197 00 96 | www.trekkingchile.com/casachueca | €€*).

Insider Tipp

Irgendwann treffen sich die Trekkingfans alle im *Parque Nacional Torres del Paine*, dem Wandermekka Südamerikas (*S. 81*). Unübertroffen: die Rundwanderung um das Paine-Massiv, über Blumenwiesen, durch dunkle Urwälder und vorbei an riesigen Gletschern (5–7 Tage). Wer weniger Zeit hat, macht die berühmte Strecke in W-Form (3–4 Tage) oder steigt zu den Füßen der *Torres* (Türme) hinauf (1 Tag). Es gibt mehrere Zeltplätze; die Berghütten sind im Sommer oft voll, eine Reservierung ist deshalb unerlässlich, z.B. über *Aonikenk* (*S. 83*).

■ WINDSURFEN ■

Windreiche Seen mit Vulkanblick, eine endlose Küste mit herrlichem Wellengang. Warum ist Chile dennoch kein Surfparadies? Ganz einfach: Es gibt kaum Surfclubs oder -schulen, die schönsten Strände sind oft schwer erreichbar, und für den kühlen Pazifik muss man sich eine Gummihaut überziehen. Wen das nicht abschreckt, der findet eine kleine, aber lebhafte Szene aus Windsurfern und Wellenreitern vor. Ihre heimliche Hauptstadt heißt ▶▶ **Pichilemu.** Der kleine Badeort 250 km südlich von Valparaíso lockt Anfänger und Profis mit prächtigen Wellen und heißen Partys. *www.surfchile.cl*

Insider Tipp

KINDER WILLKOMMEN!

In Chile sind Kinder überall gern gesehene und verhätschelte Gäste

> Ay, ¡qué lindo!" Wer in Chile mit kleineren Kindern unterwegs ist, der hat bald diesen begeisterten Ausruf („Ach, wie niedlich!") im Ohr. Die Chilenen sind Kindernarren und machen daraus keinen Hehl. Dabei differenzieren sie ganz genau: Gemäß dem geltenden Schönheitsideal steht strohblonder Nachwuchs ganz obenan. Es mag Ihnen befremdlich erscheinen, wenn im Supermarkt, im Café oder am Strand plötzlich eine wildfremde Dame auf Ihr Kind zuschießt, es ungefragt an sich reißt und abknuddelt – machen Sie gute Miene zum bösen Spiel, und vielleicht können Sie diese kulturelle Eigenart bald genießen!

Generell werden Eltern mit Kindern überaus zuvorkommend behandelt. Noch im einfachsten Wirtshaus kommt der Kellner häufig ganz von allein mit dem Kindersitz, und nicht selten verfügen Restaurants über eigene Spielplätze oder -ecken. Kinder gehören einfach dazu, und sie werden selbstverständlich überallhin mitgenommen – und das auch bis spät in die Nacht.

Größere Hotels und Ferienanlagen organisieren Kinderprogramme, während sich die Eltern im Thermalbad oder am Strand aalen können. Eine Alternative sind *cabañas*, Bungalows, die man überall in Chile auch tageweise mieten kann. Hier sind Familien unabhängig und ungestört und stören selber niemanden. Fragen Sie bei der Reservierung nach Schwimmbad und Spielplatz! Ansonsten werden Ihre Kinder an Flüssen, Seen und Meeresstränden genügend Spaß finden.

■ DER NORDEN

LEHROBSERVATORIUM
MAMALLUCA
[116 B5]

Insider Tip

Spannend ist der Blick in die Sterne im Lehrobservatorium Mamalluca bei Vicuña im Valle del Elqui. Die Anlage verfügt zwar nur über ein 12-Zoll-Teleskop, eröffnet aber mit speziellen Multimedia-Shows auch Laien den Zugang zum Kosmos und zum südlichen Sternenhimmel. Täglich zwei oder drei Programme. *Karten: G. Mistral 260 | Vicuña | Tel. 51/ 41 13 52 | reservas@mamalluca.org*

>MIT KINDERN UNTERWEGS

■ **DIE MITTE** ■

BUIN ZOO [114 B6]

Noch schöner als der städtische Tierpark von Santiago ist der kleine, liebevoll gehegte Privatzoo im Vorort Buin. Zu erreichen mit dem Vorortszug (stündlich ab Estación Central). *Di–Fr 9–17.30, Sa/So 10–19 Uhr | Eintritt 3500, Kinder 2500 Pesos | www.buinzoo.cl*

MUSEO INTERACTIVO MIRADOR [114 B5]

Der beste Tipp für Santiago ist ein Besuch des modernen *Museo Interactivo Mirador,* kurz MIM genannt, wo Kindern auf spielerische und höchst unterhaltsame Art und Weise die Naturgesetze nahegebracht werden. *Sebastopol 90 | La Granja | Mo 9.30–13.30, Di–So 9.30–17.30 Uhr | Eintritt 3000, Kinder 2000 Pesos | www.mim.cl*

PARQUE ZOOLÓGICO SANTIAGO [U E1]

Wenn Sie in Santiago Station machen und die Kinder sich langweilen, dann gehen Sie mit ihnen in den kleinen *Tierpark* am Cerro San Cristóbal. *Eingang über Pío Nono | Di–So 10–17 Uhr | Eintritt 2000, Kinder 1000 Pesos*

■ **DER SÜDEN** ■

HUSKYFARM NOVENA REGIÓN [118 B3]

Das idyllische Anwesen der deutschen Familie Jakob am Vulkan Villarrica ist ideal für einen Aktivurlaub mit Kindern. Zwei Dutzend Huskys stehen für Schlitten- und Karrentouren bereit, ein Abenteuerpfad führt durch ein Stück Urwald, ein Flüsschen lädt zum Baden ein, Pferde und Fahrräder können geliehen werden. *Unterkunft in Bungalows für 3–6 Pers. (mit Landfrühstück) ab 40 Euro | IX Región | 20 km südl. von Villarrica | Tel. 09/ 89 01 25 74 | www.novena-region.com*

■ **PATAGONIEN** ■

MUSEO REGIONAL SALESIANO [120 C4]

Im Ethnomuseum der Salesianermission in Punta Arenas gibt es von konservierten tierischen Missbildungen über ausgestopfte Pinguine bis zu indianischen Kanus allerlei Kurioses zu bestaunen. *Bulnes 374 | Di–So 10–18 Uhr*

> VON ANREISE BIS ZOLL

Urlaub von Anfang bis Ende: die wichtigsten Adressen und Informationen für Ihre Chile-Reise

▉ ANREISE ▉▉▉▉▉▉▉▉▉

Die weite Flugreise (mindestens 16 Std.) ist nicht billig zu haben, selbst nicht bei Last-Minute-Angeboten. Zur Auswahl stehen ab Frankfurt/M. Lufthansa (umsteigen in Buenos Aires oder São Paulo), Varig (São Paulo), Aerolíneas Argentinas (Buenos Aires), Air France (Paris), Iberia (Madrid) und natürlich LAN (Direktflug über Madrid), die chilenische Fluglinie. Bei LAN *(www.lan.com)* können Sie sich außerdem den praktischen *South America Airpass* besorgen, mit dem Sie auf Couponbasis innerhalb Chiles bzw. ganz Südamerikas fliegen können (nur zusammen mit dem Überseeflug zu buchen). Ein Chile-Coupon kostet 104 US$, wenn Sie mit LAN anreisen, sonst 145 US$.

Wer aus Zürich abfliegt, gelangt mit Swiss nach Santiago (Umsteigen in São Paulo). Wer aus Wien kommt, muss in Frankfurt/M. umsteigen. Eine zwar preiswerte, aber langwierige Variante ist der Umweg über einen Flughafen in den USA. US-Fluglinien wie American Airlines, Delta und United fliegen täglich nach Santiago.

Der Mindestpreis für einen Flug von Mitteleuropa nach Chile beträgt ca. 700 Euro. Günstige Sondertickets können meist nur gegen hohe Gebühren umgebucht werden.

PRAKTISCHE HINWEISE

■ AUSKUNFT

GENERALKONSULAT VON CHILE
Kleine Reichenstr. 1/IV | 20457 Hamburg | Tel. 040/33 58 35 | Fax 040/32 69 57 | www.chileinfo.de

ARGE LATEINAMERIKA
Die Arbeitsgemeinschaft versteht sich als überregionale Infostelle für den Tourismus in Südamerika. *An der Ruhbank 26 | 61138 Niederdorfelden | Tel. 06101/98 77 12 | Fax 98 77 14 | www.lateinamerika.org*

SERNATUR
Nationales Tourismusbüro mit zahlreichen Zweigstellen; Zentrale in Santiago: *Av. Providencia 1550 | Tel. 600/73 76 28 87 | Mo–Fr 9–18.30, Sa 9–14 Uhr | www.sernatur.cl*

■ AUTO

Die Höchstgeschwindigkeit beträgt innerorts 60, auf Landstraßen 100, auf einigen Autobahnen 120 km/h. Das Autofahren ist ungefährlich, wenn man bestimmte Regeln beachtet: 1. Fahren Sie möglichst in Begleitung einer anderen Person, die Sie am Steuer ablösen kann. 2. Tanken Sie immer voll und in abgelegenen Regionen bei jeder Gelegenheit; die Abstände zwischen den Tankstellen können oft 100 km oder mehr betragen. 3. Erkundigen Sie sich bei den Carabineros nach dem Zustand von Pisten in abgelegenen Gebieten. 4. Befahren Sie Schotterstraßen vorsich-

tig und begegnen Sie anderen Fahrzeugen langsam (Steinschlag!). 5. Vermeiden Sie Nachtfahrten. 6. Lassen Sie im Wagen keine Wertgegenstände oder Gepäck offen zurück. 7. Besorgen Sie sich gute Karten (Autokarten der Tankstellenkette *Copec*).

WÄHRUNGSRECHNER

€	CLP	CLP	€
1	635	100	0,15
2	1270	1000	1,54
3	1905	2000	3,08
4	2540	3000	4,62
5	3175	4000	6,16
7	4445	5000	7,70
8	5080	7000	10,78
9	5715	8000	12,32
10	6350	9000	13,86

■ BUSSE & BAHNEN

Chile ist bis ins letzte Dorf mit einem hervorragenden Busnetz überzogen. Auf den Überlandstrecken fahren moderne, klimatisierte Busse mit Toiletten. Für lange Strecken sollte man 1. Klasse *(salón cama)* wählen – die Preise sind vergleichsweise niedrig. Das größte Streckennetz und einen guten Service bietet die Gesellschaft *Tur-Bus*, auf deren Website man die Tickets online buchen kann; je früher, desto günstiger: *www.turbus.com*.

Züge verkehren nur noch zwischen Santiago und Talca (mit Speisewagen). *Auskunft in Santiago: Tel. 600/585 50 00 | www.efe.cl*

■ CAMPING

Vor allem in Touristenzentren und Nationalparks finden sich gut ausgestattete Campingplätze. In manchen Schutzgebieten ist „wild zelten" mit Einschränkungen gestattet.

■ DIPLOMATISCHE VERTRETUNGEN

CHILENISCHE BOTSCHAFTEN

– Mohrenstr. 42 | D-10117 Berlin | Tel. 030/726 20 35 | Fax 726 20 36 03 | consulado@echilealemania.de

► WAS KOSTET WIE VIEL?

► KAFFEE	**90 CENT**	für einen Espresso
► BIER	**1,70 EURO**	für einen „Schop" (0,5 l)
► IMBISS	**2,50 EURO**	für ein chilen. Sandwich
► METRO	**55 CENT**	für eine Fahrt in Santiago
► TAXI	**60 CENT**	pro Kilometer
► ALPAKASCHAL	**20–25 EURO**	für einen handgewebten Halswärmer

Konsulatsadressen unter *www.embajadaconsuladoschile.de*
– *Lugeck 1 | A-1010 Wien | Tel. 01/ 512 92 08 | Fax 512 92 08 33*
– *Eigerplatz 5 | CH-3007 Bern | Tel. 031/370 00 58 | Fax 372 00 25*

DEUTSCHE BOTSCHAFT

Las Hualtatas 5677 | Vitacura, Santiago | Tel. 2/463 25 00 | Fax 463 25 25 | www.embajadadealemania.cl

ÖSTERREICHISCHE BOTSCHAFT

Barros Errázuriz 1968 | Providencia, Santiago | Tel. 2/223 47 74 | Fax 204 93 82 | www.aussenministerium. at/botschaft/santiago-de-chile

SCHWEIZER BOTSCHAFT

Av. Vespucio Sur 100, piso 14 | Las Condes, Santiago | Tel. 2/928 01 00 | Fax 928 01 35 | www.eda.admin.ch/ santiago

■ EINREISE

Reisende aus Deutschland, Österreich und der Schweiz erhalten an der Grenze ein dreimonatiges Touristenvisum. Der Durchschlag des Formulars muss bis zur Ausreise aufgehoben werden. Besorgen Sie sich bei Verlust Ersatz (*Policía Internacional* in Santiago, *General Borgoño 1052,* oder jedes Polizeirevier).

■ FRAUEN ALLEIN

Der chilenische *machismo* ist relativ harmlos, alleinreisende Frauen haben daher außer „Komplimenten" wenig zu fürchten. Vermeiden Sie freizügige Kleidung; BH ist Pflicht, FKK oder oben ohne am Strand nicht üblich.

■ GELD & PREISE

Landeswährung ist der Peso; Münzen gibt es zu 1, 5, 10, 50, 100 und 500 Pesos, Banknoten zu 1000, 2000, 5000, 10000 und 20000 Pesos. Ein Euro entspricht zzt. ca. 650 Pesos (Stand Januar 2011).

Banken haben 9–14 Uhr geöffnet. Bargeld tauschen Sie günstiger bei einer der Wechselstuben (*casas de*

PRAKTISCHE HINWEISE

cambio) in Santiago. An Bankauto-
maten mit dem Logo „Redbanc"
können Sie mit EC- oder Kreditkarte
Bargeld abheben (ca. 400 Euro pro
Tag in Pesos). Die meisten Hotels,
Restaurants und Geschäfte akzeptie-
ren Kreditkarten (Visa, Mastercard).
Stecken Sie für Reisen in abgelegene
Regionen genügend Bargeld ein.

Obwohl der Euro im Zuge der
Krise 2010 an Kaufkraft verloren
hat, ist Chile immer noch bezahlbar.
Zu den preiswerten Dingen gehören
Busse und Bahnen, einfache Restau-
rants, Obst und Gemüse sowie viele
Souvenirs. Unterkünfte können hin-
gegen schnell europäisches Preisni-
veau erreichen, ebenso die meisten
Lebensmittel und Industrieprodukte.

■ GESUNDHEIT

Im Notfall finden Sie in allen großen
Städten Privatkliniken mit erstklassi-
gem medizinischem Standard; viele
Ärzte sprechen Englisch. Apotheken
(farmacias) sind oft bis tief in die
Nacht geöffnet oder zeigen den
nächstgelegenen Notdienst an. In
Chile sind alle handelsüblichen Me-
dikamente erhältlich. Spezielle Imp-
fungen sind nicht notwendig. Wer
Eis, Salate, Fruchtsäfte, in Fett Ge-
bratenes oder ungeschälte Früchte auf
schmuddeligen Märkten zu sich
nimmt, muss sich über die folgende
„Chilenitis" nicht wundern. Vorsicht
auch mit rohem Fisch und Meeresfrüchten! Ernstzunehmen ist auch der
Hantavirus, der von einer Mäuseart
übertragen wird. Meiden Sie deshalb
in ländlichen Gegenden nach Möglichkeit Bungalows oder Schutzhütten, die längere Zeit nicht gelüftet und
gesäubert wurden.

■ INLANDSFLÜGE

Angesichts der riesigen Entfernungen
ist Fliegen oft der einzige praktikable
Weg, um Ziele im Norden oder Süden
zu erreichen. Den Markt dominiert
die chilenische Gesellschaft *LAN;*
einziger landesweit operierender
Konkurrent: *Sky Airline.* Ein Flug
von Santiago ins rund 2000 km südlich gelegene Punta Arenas kostet hin
und zurück in der Billigklasse ca. 120
Euro. *LAN:* Tel. 600/526 20 00 |
www.lan.com; Sky Airline: Tel. 600/
600 28 28 | *www.skyairline.cl*

■ INTERNET

www.visit-chile.org – Tourismusför-
derungs-Gesellschaft CPT (engl.)

www.thisischile.cl – Reisen, arbeiten, studieren und Geschäfte machen
in Chile. Spannende Reportagen,
nützliche Infos (engl.)

www.chiptravel.cl – gute Reiseinf-
os, Touren und Hotels (engl.)

www.backpackerschile.com und
www.backpackersbest.cl – zwei Sites
mit empfohlenen Unterkünften nicht
nur für Rucksackreisende, Direktbu-
chung (teilweise dt.)

www.contactchile.de – Landesinf-
os, Mietwagen, Unterkünfte, Berufs-
praktika und ein deutschsprachiges
Forum

■ INTERNETCAFÉS

In den Zentren der größeren Städte
können Sie heute an jeder Ecke Ihre
Mails abrufen. Ein Tipp in Santiago:
*Café Melba (Don Carlos 2898 | Las
Condes),* wo zugleich das beste Frühstück der Stadt serviert wird. Zunehmend bieten Einkaufszentren, Flughäfen und Caféketten auch drahtlosen
Internetzugang an.

KLEIDUNG

So leicht, leger und bunt wie möglich – am Strand. T-Shirt und (lange) Hose sind für fast alle Gelegenheiten ausreichend, dazu Sportschuhe. In Restaurants und öffentlichen Gebäuden legen die Chilenen aber großen Wert auf korrekte Kleidung. Kurze Hosen sind in der Stadt tabu, ebenso Sandalen. In den Anden und in Patagonien ist warme, wetterfeste Kleidung angesagt.

KLIMA & REISEZEIT

Heiß und trocken ist es im Norden, im äußersten Süden dagegen selbst im chilenischen Sommer (Nov.–März) sehr kühl und wechselhaft. Die mittleren Regionen haben ein angenehmes, fast mediterranes Klima mit langen, trockenen Sommern und einer Regenzeit (Mai bis August). Die Jahreszeiten in Chile sind gegenüber Europa um 6 Monate versetzt. Die schönste Reisezeit für Mittel- und Südchile ist November bis März, im Norden das ganze Jahr über.

MIETWAGEN

In aller Regel genügt ein nationaler Führerschein; unbedingt erforderlich ist eine ausreichend gedeckte internationale Kreditkarte. Die Preise reichen bei lokalen Anbietern von 30 Euro pro Tag für einen Kleinwagen bis zu 75 Euro pro Tag für einen geländegängigen Pickup mit Doppelkabine, bei internationalen Firmen liegen sie z.T. noch weit darüber. Beim Abschluss des Mietvertrags sollte man auf unbegrenzte Kilometerzahl und Pannendienst achten sowie eine Vollkaskoversicherung einbeziehen. Der Zustand der Mietwagen lässt allerdings häufig zu wünschen übrig: Vergewissern Sie sich bei der Übernahme, dass Wagenheber, Ersatzreifen usw. vorhanden sind! Angebote für Autovermietungen finden Sie auch unter *www.marcopolo.de*.

NOTRUF

Notrufnummer Polizei *(carabineros)*: *Tel. 133*, Ambulanz: *Tel. 131*

WETTER IN SANTIAGO

	Jan.	Feb.	März	April	Mai	Juni	Juli	Aug.	Sept.	Okt.	Nov.	Dez.
	29	29	27	23	18	14	15	17	19	22	26	28
Tagestemperaturen in °C												
	12	11	9	7	5	3	3	4	6	7	9	11
Nachttemperaturen in °C												
	11	9	8	6	4	3	3	4	5	6	9	10
Sonnenschein Std./Tag												
	0	0	1	1	5	6	6	5	3	3	1	0
Niederschlag Tage/Monat												

PRAKTISCHE HINWEISE

POST

Ein Standardbrief nach Europa kostet ca. 70 Cent und braucht 5–8 Tage. Briefkästen sind unüblich, die Post *(correos)* unterhält überall Filialen.

STROM

Netzspannung 220 Volt, 50 Hertz-Wechselstrom. Die Steckdosen sind nicht für Schukostecker geeignet. Am besten ein Zwischenstück mit verschiedenen Adaptern besorgen.

TAXI

Fahren Sie nicht los, ohne einen Pauschalpreis ausgehandelt zu haben bzw. ohne dass der Taxameter eingeschaltet ist. Taxifahren ist billig, aber oft mühselig, da sich die Fahrer selten auskennen. Lassen Sie sich, wenn möglich, lieber ein Funktaxi *(radiotaxi)* rufen: Diese Firmen bieten mehr Sicherheit, modernere Wagen und moderate Fixpreise.

TELEFON & HANDY

Chile (Vorwahl 0056) verfügt über ein modernes Telefonnetz mit mehreren Anbietern. Erkundigen Sie sich nach einem preiswerten *carrier* und den Einwahlen für Anrufe ins Ausland. Tarife ändern sich oft, meist haben die Hotels oder *Centros de llamadas* (öffentliche Telefonzentralen) ohnehin einen Vertrag mit einer Gesellschaft. Wer viel telefoniert, ist mit einer Prepaid-Telefonkarte (am Kiosk erhältlich) gut beraten. Noch günstiger ist es, von einem Internetcafé aus per Skype zu telefonieren.

Handys sind weit verbreitet, allerdings brechen die Digitalnetze in abgelegenen Regionen schnell zusammen. Die meisten deutschen Mobilfunkbetreiber bieten für Chile Roaming an, Sie benötigen dafür ein Tribandgerät. Erkundigen Sie sich vorher nach den meist stolzen Tarifen. Die SIM-Karte Ihres Handys gegen einen chilenischen Prepaidchip auszutauschen ist möglich und ähnlich preiswert wie sich vor Ort ein Prepaidhandy mit Gesprächsguthaben zu kaufen. Chilenische Handynummern beginnen mit 7, 8 oder 9, bei der Anwahl aus dem Festnetz wird 09 vorgewählt.

TRINKGELD

Ca. 10 Prozent Trinkgeld werden im Restaurant erwartet; man lässt einen Teil des Wechselgeldes zurück. Kofferträger, Schuhputzer (mit festen Tarifen), Zimmermädchen und andere dienstbare Geister erwarten ein paar Pesos, weil sie davon leben müssen.

ZEIT

Während der chilenischen Sommerzeit (Okt.–März) liegt Chile 4, im übrigen Jahr 6 Stunden gegenüber der MEZ zurück.

ZOLL

500 Zigaretten, 2,5 l Wein oder 1 l Hochprozentiges pro Person können zollfrei eingeführt werden. Verboten sind Fleisch, Milchprodukte, Blumen, Obst und Gemüse – Waffen und Drogen natürlich auch. In die Länder der EU dürfen bei der Rückreise eingeführt werden: Geschenke im Wert von bis zu 175 Euro, 200 Zigaretten, 500 g Kaffee, 50 g Parfüm, 2 l Wein und 1 l Spirituosen. Streng verboten ist die Einfuhr von Souvenirs, die aus geschützten Tieren oder Pflanzen hergestellt wurden.

> ¿HABLAS ESPAÑOL?

„Sprichst du Spanisch?" Dieser Sprachführer hilft Ihnen,
die wichtigsten Wörter und Sätze auf Spanisch zu sagen

Aussprache

Zur Erleichterung der Aussprache:

c	vor „e" und „i" stimmloses „s" wie in „Safe"
ch	stimmloses „tsch" wie in „tschüss"
g	vor „e, i" wie deutsches „ch" in „Bach"
gue, gui/que, qui	das „u" ist immer stumm, wie deutsches „g"/„k"
j	immer wie deutsches „ch" in „Bach"
ll, y	wie deutsches „j" zwischen Vokalen. Bsp.: Mallorca
ñ	wie „gn" in „Champagner"

■ AUF EINEN BLICK ■

Ja./Nein.	Sí./No.
Vielleicht.	Quizás./Tal vez.
In Ordnung./Einverstanden!	¡De acuerdo!/¡Está bien!
Bitte./Danke.	Por favor./Gracias.
Vielen Dank!	Muchas gracias.
Gern geschehen.	No hay de qué./De nada.
Entschuldigung!	¡Perdón!
Wie bitte?	¿Cómo dice/dices?
Ich verstehe Sie/dich nicht.	No le/la/te entiendo.
Ich spreche nur wenig …	Hablo sólo un poco de …
Können Sie mir bitte helfen?	¿Puede usted ayudarme, por favor?
Ich möchte …	Quiero …/Quisiera …/ Me gustaría …
Das gefällt mir (nicht).	(No) me gusta.
Haben Sie …?	¿Tiene usted …?
Wie viel kostet es?	¿Cuánto cuesta/vale?

■ KENNENLERNEN ■

Guten Morgen!	¡Buenos días!
Guten Tag!	¡Buenos días!/¡Buenas tardes!
Guten Abend!	¡Buenas tardes!/¡Buenas noches!
Hallo! Grüß dich!	¡Hola! ¿Qué tal?
Ich heiße …	Me llamo …
Wie ist Ihr Name, bitte?	¿Cómo se llama usted, por favor?
Wie geht es Ihnen/dir?	¿Cómo está usted?/¿Qué tal?
Danke. Und Ihnen/dir?	Bien, gracias. ¿Y usted/tú?
Auf Wiedersehen!	¡Adiós!

SPRACHFÜHRER SPANISCH

| Tschüss! | ¡Adiós!/¡Hasta luego! |
| Bis morgen! | ¡Hasta mañana! |

■ UNTERWEGS

AUSKUNFT

links/rechts	a la izquierda/a la derecha
geradeaus	derecho
nah/weit	cerca/lejos
Wie weit ist das?	¿A qué distancia está?
an der Ampel	en el semáforo
an der nächsten Ecke	en la primera esquina
Bitte, wo ist …	Perdón, ¿dónde está …
… der Busbahnhof?	… el terminal de buses?
… die Haltestelle?	… la parada?
Fahrplan	horario
Eine Fahrkarte nach … bitte.	Un boleto para …, por favor.
Ich möchte hier aussteigen.	Quiero bajar aquí.
Ich möchte … mieten.	Quisiera arrendar …
… ein Auto./… ein Boot.	… un coche./… un bote.

PANNE

Ich habe eine Panne.	Tengo una pana.
Würden Sie mir bitte einen Abschleppwagen schicken?	¿Puede usted enviarme una grúa, por favor?
Gibt es hier in der Nähe eine Werkstatt?	¿Hay algún taller por aquí cerca?

TANKSTELLE

Wo ist bitte die nächste Tankstelle?	¿Dónde está la bomba más cercana, por favor?
Ich möchte … Liter …	Quisiera … litros de …
… Normalbenzin.	… bencina 95 (noventa y cinco).
… Super./… Diesel.	… 97 (noventa y siete)./… diesel.
Voll tanken, bitte.	Lleno, por favor.

UNFALL

Hilfe!	¡Ayuda! / ¡Socorro!
Achtung!	¡Atención!
Rufen Sie bitte schnell …	Llame enseguida …
… einen Krankenwagen.	… una ambulancia.

… die Polizei.	… a la policía.
… die Feuerwehr.	… a los bomberos.
Haben Sie Verbandszeug?	¿Tiene usted botiquín de urgencia?
Es war meine/Ihre Schuld.	Fue mi/su culpa.
Geben Sie mir bitte Ihren Ihre Anschrift.	¿Puede usted darme su Namen und nombre y dirección?

ESSEN & TRINKEN

Wo gibt es hier …	¿Dónde hay por aquí cerca …
… ein gutes Restaurant?	… un buen restaurant?
… ein nicht zu teures Restaurant?	… un restaurant no demasiado caro?
Reservieren Sie uns bitte für heute Abend einen Tisch für vier Personen.	¿Puede reservarnos para esta noche una mesa para cuatro personas?
Die Speisekarte, bitte.	La carta, por favor.
Könnte ich bitte … haben?	¡Me puede traer …, por favor!
… ein Messer	… un cuchillo
… eine Gabel	… un tenedor
… einen Löffel	… una cuchara
Auf Ihr Wohl!	¡Salud!
Bezahlen, bitte.	¡La cuenta, por favor!

EINKAUFEN

Wo finde ich …	Por favor, ¿dónde hay …
… eine Apotheke?	… una farmacia?
… eine Bäckerei?	… una panadería?
… ein Fotogeschäft?	… una tienda de artículos fotográficos?
… ein Einkaufszentrum?	… un centro comercial?
… ein Lebensmittelgeschäft?	… un almacén?
… den Markt?	… el mercado?

ÜBERNACHTEN

Können Sie mir bitte … empfehlen?	Perdón, señor/señora/señorita. ¿Podría usted recomendarme …
… ein Hotel …	… un hotel?
… eine Pension …	… una pensión?
Ich habe ein Zimmer reserviert.	He reservado una habitación.
Haben Sie noch …	¿Tienen ustedes …?
… ein Einzelzimmer?	… una habitación individual?
… ein Zweibettzimmer?	… una habitación doble?
… mit Dusche/Bad?	… con ducha/baño?
… für eine Nacht?	… para una noche?

… für eine Woche?
… ein ruhiges Zimmer?
Was kostet das Zimmer mit …
… Frühstück?
… Halbpension?

… para una semana?
… una habitación tranquila?
¿Cuánto cuesta la habitación con …
… desayuno?
… media pensión?

■ PRAKTISCHE INFORMATIONEN ■

ARZT

Können Sie mir einen
guten Arzt empfehlen?
Ich habe hier Schmerzen.
Ich habe …
… Kopfschmerzen.
… Zahnschmerzen.
… Durchfall.
… Fieber.

¿Puede usted indicarme un buen
médico?
Me duele aquí.
Tengo …
… dolor de cabeza.
… dolor de muelas.
… diarrea.
… fiebre.

POST

Was kostet …
… ein Brief …
… eine Postkarte …
… nach Deutschland?
Eine Briefmarke, bitte.

¿Cuánto cuesta …
… una carta …
… una postal …
… para Alemania?
Una estampilla, por favor.

■ ZAHLEN ■

0	cero	19	diecinueve
1	un, uno, una	20	veinte
2	dos	21	veintiuno, -a, veintiún
3	tres	22	veintidós
4	cuatro	30	treinta
5	cinco	40	cuarenta
6	seis	50	cincuenta
7	siete	60	sesenta
8	ocho	70	setenta
9	nueve	80	ochenta
10	diez	90	noventa
11	once	100	cien, ciento
12	doce	200	doscientos, -as
13	trece	1000	mil
14	catorce	2000	dos mil
15	quince	10000	diez mil
16	dieciséis		
17	diecisiete	1/2	medio
18	dieciocho	1/4	un cuarto

Ausritt im Nationalpark Torres del Paine

> UNTERWEGS IN CHILE

Die Seiteneinteilung für den Reiseatlas finden Sie auf dem hinteren Umschlag dieses Reiseführers

REISE
ATLAS

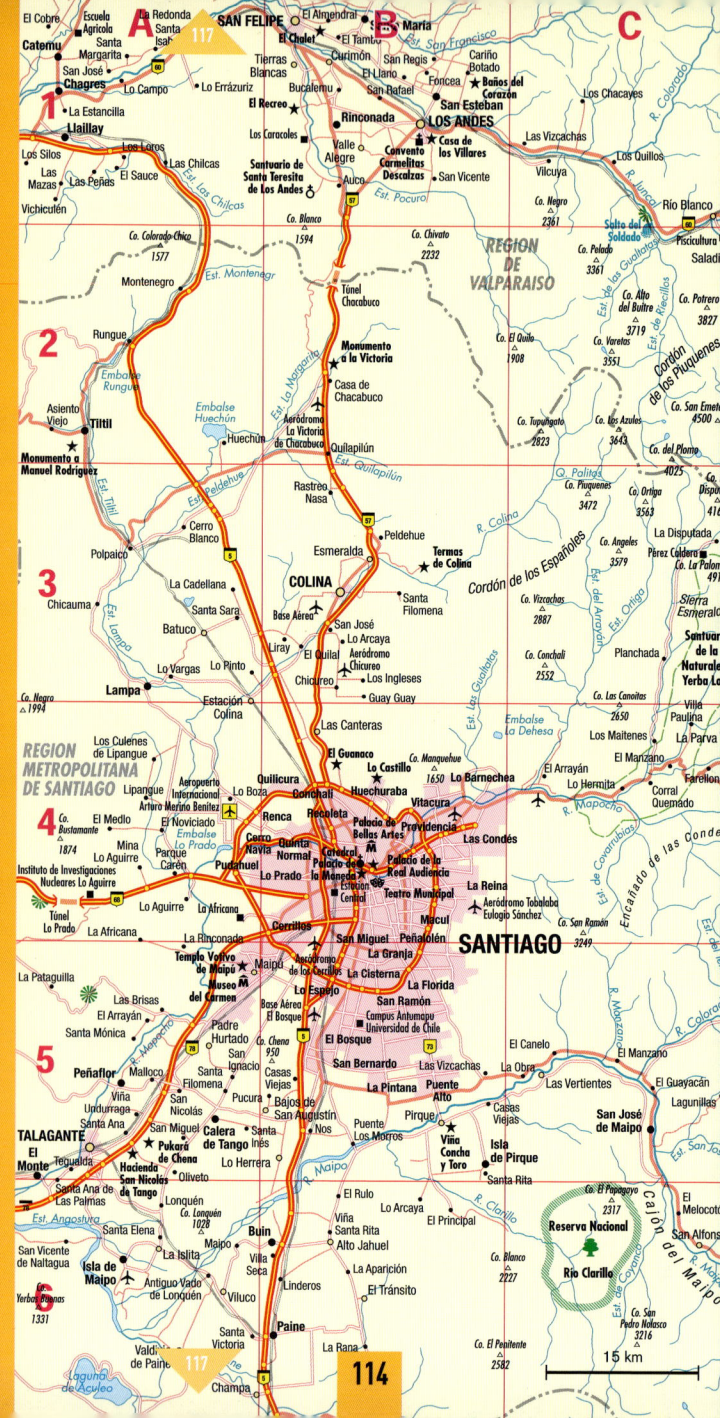

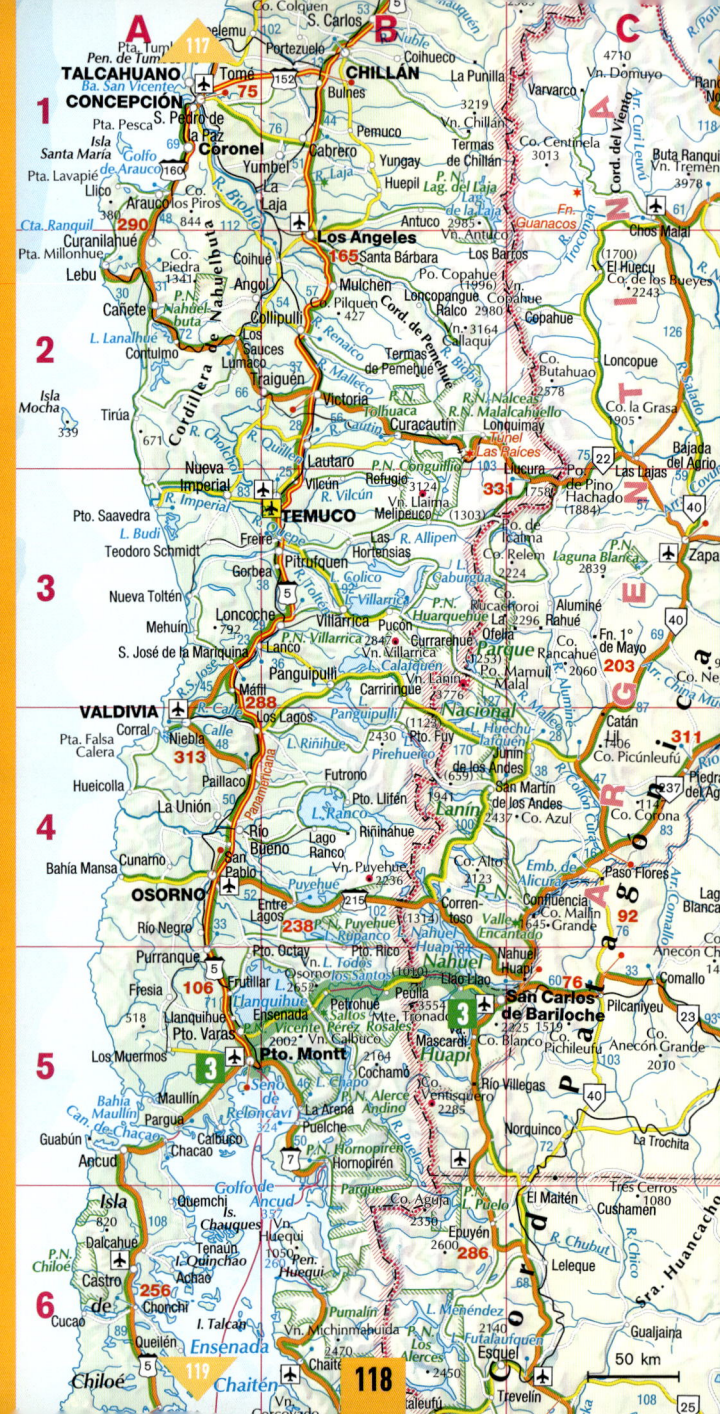

Cucao de Chonchi Talcán Vn. Michinmahuida
Quellón Ensenada Chaitén Esquel
L. Tranqui Chaitén Vn. Corcovado 2140 Futaleufú
5 Chiloé Vn. Corcovado Pto. Cárdenas 2450 Trevelín
Quellón Corcovado 2300 2408 Futaleufu
C. Quilán 975 I. S. Pedro 642 Villa Santa Lucía 2271 Corcovado
Golfo 2042 2160 Pto. Ramírez 2020
138 Corcovado L. Melchor 7 Palena
I. Guafo 240 Pto. Raúl Marín Co. Barros Arana
252 271 L. Balmaceda 2286 L. Grl. Vintter
Is. Melinka 185 Mte. Melimoyu 2040 Lago Vintter
L. Refugio 2400 Lago Verde
Is. Guaitecas P. N. Co. Steffen
1099 Puyuhuapi 1680
I. Chaffers 624 2206 Co. Mineral
C. Lort Rosselot 2014
I. Level L. Cuptana La Tapera L. Fontana
C. Ipun 1660 Cisnes 925
Ba. Adventure I. Benjamin P. N. Cisnes 1845 Co. Dedo L. Fontana
218 I. Guamblin L. Magdalena Queulat Pto. Cisnes 2030 La Plata
P. N. I. Magdalena Co. Alto Medio
Isla Guamblin I. James lena Nevado Las Torres
de Las Mte. Maca 67 Ñireguao
I. Melchor 2960 Colorado ENCoyte
I. Isquiliac Guaitecas Nev. de los Co. Bayo Va. Ortega Coihaique
I. Victoria Palos 1860 Alto (795) Alto Río Ma
Ba. Darwin 1640 R. Simpson 50
I. Garrido Pto. Aisén Coihaique
I. Rivero Pto. Chacabuco M.N.
I. Romero I. Traiguén Nev. Cóndor P.N. Río Dos Lagunas
I. Humos 1670 Simpson 1515
P.N. Balmaceda
I. Simpson Quitralco 7 Meseta
Pen. P.N. R.N. Cerro del Guengul
Skyring 1372 Los Nevados Castillo L. Bl
I. Nalcayes 2615 Sin Nombre 2675 Co. Castillo
Pen. Pto. Ing. 204
Presidente Sisquelán Carretera Ibáñez
Ríos 2250 Austral Buenos
504 Aires 75
P E N Í N S U L A Pto. Murta Chile
2530 Pto. Río Chico
d e T a i t a o Mte. S. Valentín Tranquilo 126
o San Clemente Co. Jeinemeni 1791
Pto. Sligh Glaciar 4058 2600 Meseta
C. Raper Pen. Tres San Co. Nyades del
Montes Istmo Rafael 3078 Pto. Lago B. Aires
de Ofqui Bertrand Pto. Rodolfo
C. Tres Montes P. N. Laguna P.N. Tamango Roballos
I. Javier 902 G. L. Ghio
S. Esteban Campo de Co. Arenales Cochrane L. Pueyrredón
Golfo Hielo Norte 3437 Cochrane
de 191 San Rafael 1890 Pasadas
Peñas 79 1585 Mte. S. Lorenzo Co. Belgrano
Arch. I. Wager Caleta o Cochrane 133 Ea. la Oriental
I. Byron Tortel 3700 Perito
Guayaneco I. Merino Jarpa Pto. Co. Hermanos Moreno
C. Dyer R. N. Katalalixar Yungay 12000 Mte. Tetris
I. Stuven Po. Codorníu 2280
1311 Pen. Pen. 2120
I. Prat Swett San Martín Co. Va. Co.
I van der Cumbrera O'Higgins Hatscher Tucu-Tucu
Meulen Melizo Sur 1950
I. Otóhidro 3050 Meseta de la
I. Aldea Muerte
I. Esmeralda Co. L. Cardiel
Pirámide Ea. la Federica
Mte. Sigfrido 3380 L. San Martín
1097 Pto. Edén Mte. grejo
I. Anganos Mte. Jervis Fitz Roy 628
1392 3536 3375 El Chaltén

2000

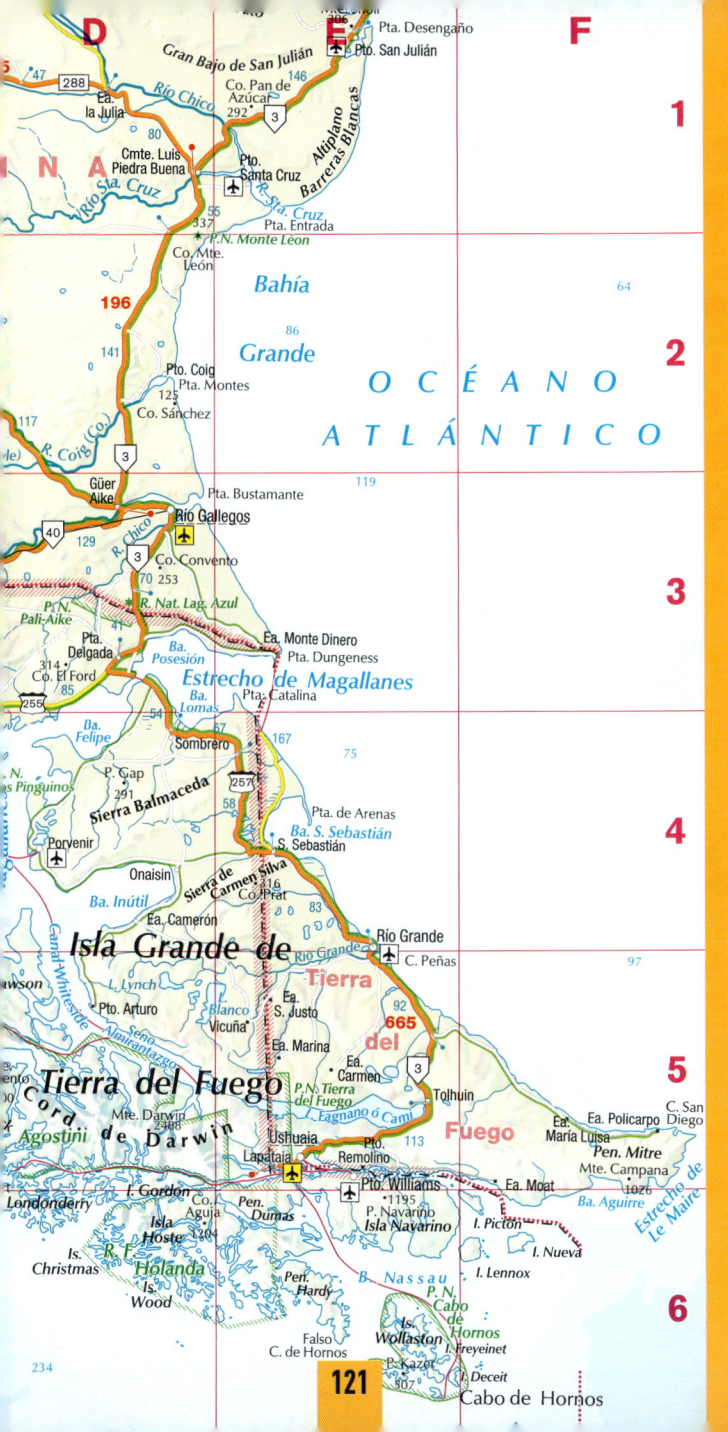

Autobahn, mehrspurige Straße - in Bau Highway, multilane divided road - under construction	Auto-estrada, estrada com quatro ou mais faixas - em construção Autopista, carretera de más carriles - en construcción
Fernverkehrsstraße - in Bau Trunk road - under construction	Ruta de longa distância - em construção Ruta de larga distancia - en construcción
Hauptstraße Principal highway	Estrada regional Carretera principal
Nebenstraße Secondary road	Estrada secundária Carretera secundaria
Fahrweg, Piste Practicable road, track	Calçada, pista Camino vecinal, pista
Straßennummerierung Road numbering	Numeração de estradas Numeración de carreteras
Entfernungen in Kilometer Distances in kilometers	Quilometragem Distancias en kilómetros
Höhe in Meter - Pass Height in meters - Pass	Alture em metros - Desfiladeiro Altura en metros - Puerto de montaña
Eisenbahn - Eisenbahnfähre Railway - Railway ferry	Caminho-de-ferro - Comboios Ferrocarril - Transbordador para ferrocarriles
Autofähre - Schifffahrtslinie Car ferry - Shipping route	Batelões para automóveis - Linha de navegação Transbordador de automóviles - Ruta marítima
Wichtiger internationaler Flughafen - Flughafen Major international airport - Airport	Aeroporto importante internacional - Aeroporto Aeropuerto importante internacional - Aeropuerto
Internationale Grenze - Provinzgrenze International boundary - Province boundary	Fronteira nacional - Fronteira provincial Frontera nacional - Frontera provincial
Unbestimmte Grenze Undefined boundary	Fronteira incerta Frontera indeterminada
Zeitzonengrenze Time zone boundary	Limite de fuso horário Límite del huso horario
Hauptstadt eines souveränen Staates National capital	Capital de país soberano Capital de un estado soberano
Hauptstadt eines Bundesstaates Federal capital	Capital de estado Capital de estado
Sperrgebiet Restricted area	Área proibida Zona prohibida
Nationalpark National park	Parque nacional Parque nacional
Antikes Baudenkmal Ancient monument	Construção da antiguidade Yacimiento arqueológico
Sehenswertes Kulturdenkmal Interesting cultural monument	Monumento cultural de interesse Monumento cultural de interés
Sehenswertes Naturdenkmal Interesting natural monument	Monumento natural de interesse Monumento natural de interés
Brunnen Well	Poço Pozo
Ausflüge & Touren Excursions & tours	Excursões & voltas Excursiones & rutas

Road numbering: 13, BR 230, 1

Distances: 130, 259, 129

Height: 1365

Zeitzonengrenze: -4h Greenwich Time / -3h Greenwich Time

National capital: BOGOTÁ

Federal capital: Boa Vista

Uxmal

Agua Azul Cascades

FÜR IHRE NÄCHSTE REISE

gibt es folgende MARCO POLO Titel:

DEUTSCHLAND
Allgäu
Amrum/Föhr
Bayerischer Wald
Berlin
Bodensee
Chiemgau/Berchtes-
gadener Land
Dresden/Sächsische
Schweiz
Düsseldorf
Eifel
Erzgebirge/Vogtland
Franken
Frankfurt
Hamburg
Harz
Heidelberg
Köln
Lausitz/Spreewald/
Zittauer Gebirge
Leipzig
Lüneburger Heide/
Wendland
Mark Brandenburg
Mecklenburgische
Seenplatte
Mosel
München
Nordseeküste
Schleswig-Holstein
Oberbayern
Ostfriesische Inseln
Ostfriesland/
Nordseeküste
Niedersachsen/
Helgoland
Ostseeküste
Mecklenburg-
Vorpommern
Ostseeküste
Schleswig-Holstein
Pfalz
Potsdam
Rheingau/Wiesbaden
Rügen/Hiddensee/
Stralsund
Ruhrgebiet
Sauerland
Schwäbische Alb
Schwarzwald
Stuttgart
Sylt
Thüringen
Usedom
Weimar

ÖSTERREICH | SCHWEIZ
Berner Oberland/Bern
Kärnten
Österreich
Salzburger Land
Schweiz
Steiermark
Tessin

Tirol
Wien
Zürich

FRANKREICH
Bretagne
Burgund
Côte d'Azur/Monaco
Elsass
Frankreich
Französische
Atlantikküste
Korsika
Languedoc-Roussillon
Loire-Tal
Nizza/Antibes/Cannes/
Monaco
Normandie
Paris
Provence

ITALIEN | MALTA
Apulien
Capri
Dolomiten
Elba/Toskanischer
Archipel
Emilia-Romagna
Florenz
Gardasee
Golf von Neapel
Ischia
Italien
Italienische Adria
Italien Nord
Italien Süd
Kalabrien
Ligurien/Cinque Terre
Mailand/Lombardei
Malta/Gozo
Oberital. Seen
Piemont/Turin
Rom
Sardinien
Sizilien/Liparische Inseln
Südtirol
Toskana
Umbrien
Venedig
Venetien/Friaul

SPANIEN | PORTUGAL
Algarve
Andalusien
Barcelona
Baskenland/Bilbao
Costa Blanca
Costa Brava
Costa del Sol/Granada
Fuerteventura
Gran Canaria
Ibiza/Formentera
Jakobsweg/Spanien
La Gomera/El Hierro
Lanzarote

La Palma
Lissabon
Madeira
Madrid
Mallorca
Menorca
Portugal
Sevilla
Spanien
Teneriffa

NORDEUROPA
Bornholm
Dänemark
Finnland
Island
Kopenhagen
Norwegen
Oslo
Schweden
Stockholm
Südschweden

WESTEUROPA | BENELUX
Amsterdam
Brüssel
Dublin
Edinburgh
England
Flandern
Irland
Kanalinseln
London
Luxemburg
Niederlande
Niederländische Küste
Schottland
Südengland

OSTEUROPA
Baltikum
Budapest
Danzig
Estland
Kaliningrader Gebiet
Krakau
Lettland
Litauen/Kurische
Nehrung
Masurische Seen
Moskau
Plattensee
Polen
Polnische Ostsee-
küste/Danzig
Prag
Riesengebirge
Russland
Slowakei
St. Petersburg
Tallinn
Tschechien
Ukraine
Ungarn
Warschau

SÜDOSTEUROPA
Bulgarien
Bulgarische
Schwarzmeerküste
Kroatische Küste/
Dalmatien
Kroatische Küste/
Istrien/Kvarner
Montenegro
Rumänien
Slowenien

GRIECHENLAND | TÜRKEI | ZYPERN
Athen
Chalkidiki
Griechenland
Festland
Griechische
Inseln/Ägäis
Istanbul
Korfu
Kos
Kreta
Peloponnes
Rhodos
Samos
Santorin
Türkei
Türkische Südküste
Türkische Westküste
Zakinthos
Zypern

NORDAMERIKA
Alaska
Chicago und
die Großen Seen
Florida
Hawaii
Kalifornien
Kanada
Kanada Ost
Kanada West
Las Vegas
Los Angeles
New York
San Francisco
USA
USA Neuengland/
Long Island
USA Ost
USA Südstaaten/
New Orleans
USA Südwest
USA West
Washington D.C.

MITTEL- UND SÜDAMERIKA
Argentinien
Brasilien
Chile
Costa Rica
Dominikanische
Republik

Jamaika
Karibik/Große Antillen
Karibik/Kleine Antillen
Kuba
Mexiko
Peru/Bolivien
Venezuela
Yucatán

AFRIKA | VORDERER ORIENT
Agypten
Djerba/Südtunesien
Dubai
Israel
Jordanien
Kapstadt/Wine Lands/
Garden Route
Kapverdische Inseln
Kenia
Marokko
Namibia
Qatar/Bahrain/Kuwait
Rotes Meer/Sinai
Südafrika
Tansania/
Sansibar
Tunesien
Vereinigte
Arabische Emirate

ASIEN
Bali/Lombok
Bangkok
China
Hongkong/Macau
Indien
Indien/Der Süden
Japan
Kambodscha
Ko Samui/Ko Phangan
Krabi/Ko Phi Phi/
Ko Lanta
Malaysia
Nepal
Peking
Philippinen
Phuket
Rajasthan
Shanghai
Singapur
Sri Lanka
Thailand
Tokio
Vietnam

INDISCHER OZEAN | PAZIFIK
Australien
Malediven
Mauritius
Neuseeland
Seychellen
Südsee

REGISTER

In diesem Register sind alle im Reiseführer erwähnten Orte und Ausflugsziele sowie einige wichtige Namen und Stichworte aufgeführt. Halbfette Seitenzahlen verweisen auf den Haupteintrag. P.N. = Parque Nacional (Nationalpark)

SCHREIBEN SIE UNS

Liebe Leserin, lieber Leser,

wir setzen alles daran, Ihnen möglichst aktuelle Informationen mit auf die Reise zu geben. Dennoch schleichen sich manchmal Fehler ein – trotz gründlicher Recherche unserer Autoren/innen. Sie haben sicherlich Verständnis, dass der Verlag dafür keine Haftung übernehmen kann.

Wir freuen uns aber, wenn Sie uns schreiben.

Senden Sie Ihre Post an die
MARCO POLO Redaktion,
MAIRDUMONT, Postfach 3151,
73751 Ostfildern,
info@marcopolo.de

IMPRESSUM

Titelbild: Reitende Cowboys, San Fernando (Getty Images/Image Bank: Noton)
Fotos: CAMPO AVENTURA: Clark Stede (15 o.); © fotolia.com: drx (95 u.r.), fotoart (94 o.l.), HappyAlex (94 M.r.), Georges Lievre (95 o.l.), Daniel Mühlebach (94 u.r.); Friedrichsmeier: Braunger (22, 34, 123); P. Gebhard (2 l., 76); Getty Images/Image Bank: Noton (1); HB Verlag: González (3 M., 23, 24/25, 28, 52, 53, 55, 58, 60, 63, 88/89, 93, 98, 112/113); D. Heckmann (74/75, 83); © iStockphoto.com: Catherine Lane (95 M.r.), Jessie Lee (13 u.), webphotographeer (95 M.l.), YinYang (94 M.l.); V. Janicke (6/7, 32, 67, 84/85); JD: Juan Diego Santa Cruz (14 o.); R. Jung (19, 68); Ky Restaurant: Juan Pablo Izquierdo (13 o.); Laif: Back (26); Matetic Vineyards: María José Echavarría E. (15 u.); Matucana 100 (14 M.); Sven Olsson-Iriarte (12 o.); Marie Josée Parolin/ERIN COLLETT (12 u.); M. Sieber (Klappe links, 22/23, 27, 29, 39, 50, 57, 66, 73, 91, 126); T. Stankiewicz (Klappe rechts, 3 l., 3 r.); M. Thomas (21); Turismo Trancura: Manuel Manriquez Mera (14 u.); Vision 21 (Klappe Mitte, 2 r., 4 l., 4. r., 5, 8/9, 11, 16/17, 20, 28/29, 30/31, 36, 37, 41, 43, 45, 47, 48/49, 51, 64/65, 69, 71, 78, 79, 80, 82, 86, 96/97, 100, 100/101, 101)

6., aktualisierte Auflage 2011
© MAIRDUMONT GmbH & Co. KG, Ostfildern
Chefredaktion: Michaela Lienemann, Marion Zorn
Autor: Carl D. Goerdeler; Bearbeiter: Malte Sieber; Redaktion: Jochen Schürmann
Programmbetreuung: Silwen Randebrock
Bildredaktion: Gabriele Forst
Szene/24h: wunder media, München; Kartografie Reiseatlas: © MAIRDUMONT, Ostfildern; Berndtson & Berndtson GmbH, Fürstenfeldbruck
Innengestaltung: Zum goldenen Hirschen, Hamburg; Titel/S. 1–3: Factor Product, München
Sprachführer: in Zusammenarbeit mit Ernst Klett Sprachen GmbH, Stuttgart, Redaktion PONS Wörterbücher

> UNSER INSIDER
MARCO POLO Korrespondent Malte Sieber im Interview

Malte Sieber lebt seit 1992 in Chile und betreibt in Santiago eine Dienstleistungsagentur für Ausländer.

Wieso leben Sie in Chile?

Da haben Fernweh, Liebe und Zufall eine Rolle gespielt. In der DDR aufgewachsen, konnte ich vor der Wende nur davon träumen, einmal längere Zeit im Ausland zu verbringen. Als dann meine damalige Freundin ein Stipendium für ein Jahr Santiago de Chile bekam, habe ich kurz entschlossen gesagt: Ich komme mit. Tja, und dann fand ich hier Arbeit, lernte meine spätere Frau kennen – sie ist Chilenin – und blieb hier.

Was reizt Sie an Chile?

Es ist ein phantastisches Reiseland, in dem man nach 18 Jahren immer noch neue Ecken entdecken kann. Ich mag die unaufdringliche, herzliche Art vieler Chilenen. Und es ist ein Land, in dem noch viel zu tun ist, viel Raum ist für gute und nützliche Projekte.

Wo und wie leben Sie genau?

Ich lebe in Providencia, dem für mich schönsten Stadtbezirk Santiagos. Hier wird die Hektik der 5-Mio.-Stadt abgedämpft. Unser Haus liegt in einem ruhigen, grünen Wohngebiet, mit dem Fahrrad brauche ich 15 Minuten ins Büro, das wiederum in einer kleinen, netten, europäisch anmutenden Straße liegt.

Was machen Sie beruflich?

Nach acht Jahren in der Redaktionsleitung einer deutschen Zeitung in Santiago habe ich den Sprung in die Selbstständigkeit gewagt und 2000 ContactChile gegründet, eine Dienstleistungsagentur in erster Linie für Ausländer, die längere Zeit nach Chile kommen und Unterstützung in praktischen Fragen suchen, wie ich sie mir selber damals gewünscht hätte. Heute sind wir 15 Leute im Team.

Was prädestiniert Sie als MARCO POLO Autor?

Ich kenne das Land von Arica bis zum Kap Hoorn, habe gute Kontakte in der Reisebranche und halte die Augen offen für neue Entwicklungen. Ich habe einen Outdoor-Führer verfasst und gebe eine Reihe mit Wanderkarten heraus.

Was tun Sie in Ihrer Freizeit?

Ich liebe es, in den Anden zu wandern, und versuche, meine Kinder dafür zu begeistern. Den Alltagsstress schüttle ich mit Pilates und Chorsingen ab.

Mögen Sie die chilenische Küche?

Die traditionelle Küche hier ist zwar eher bieder, aber ich bin kein Kostverächter: Eine leckere Empanada kommt immer recht, und einem richtig zubereiteten *pastel de jaivas* (Krabbenauflauf) kann ich nur schwer widerstehen.

10 € GUTSCHEIN
für Ihr persönliches Fotobuch*!

Gilt aus rechtlichen Gründen nur bei Kauf des Reiseführers in Deutschland und der Schweiz

SO GEHT'S: Einfach auf www.marcopolo.de/fotoservice/gutschein gehen, Wunsch-Fotobuch mit den eigenen Bildern gestalten, Bestellung abschicken und dabei Ihren Gutschein mit persönlichem Code einlösen.

Ihr persönlicher Gutschein-Code: `mpppz4xt2p`

MARCO POLO

MEINE REISE
Die schönsten Erinnerungen

Erlebe Deine Bilder!

Zum Beispiel das MARCO POLO FUN A5 Fotobuch für 7,49 €.

powered by fotokasten

www.marcopolo.de/fotoservice/gutschein

> BLOSS NICHT!

Bei Erdbeben in Panik geraten

Leichte Erdbeben sind häufig, meist aber kaum spürbar. Sollte es einmal stärker „wackeln", verlassen Sie auf keinen Fall panikartig den Raum oder das Gebäude, sondern suchen Sie unter dem Türbogen, notfalls unter einem Tisch Schutz. Vermeiden Sie die Benutzung von Aufzügen. Eine Taschenlampe sollte griffbereit sein.

Polizisten gegenüber respektlos sein

Die *carabineros* lassen nicht mit sich spaßen und schon gar nicht mit sich handeln. „Trinkgeldangebote" sind völlig fehl am Platz. Dafür können Sie im Notfall auf korrekte Hilfe rechnen.

Pünktlich kommen

Die Chilenen kommen zu Verabredungen gern eine Viertelstunde zu spät („der Stau!") und rufen grundsätzlich nicht zurück. Als geradezu unhöflich gilt es, bei privaten Einladungen pünktlich auf die Minute aufzukreuzen – mindestens eine halbe Stunde Puffer sollten Sie den Gastgebern einräumen.

Über Motels wundern

Wenn Sie unterwegs in einem Motel absteigen, wundern Sie sich nicht über den diskreten Service und die einschlägigen Filme im Hotelfernsehen: Motels dienen jungen Chilenen, die noch bei Muttern wohnen, ebenso als heimliches Liebesnest wie verheirateten Seitenspringern. Außerhalb großer Städte funktionieren sie gleichwohl auch als normale Hotels.

Das Küsschen vergessen

Chilenischen Frauen darf man oder frau bei der Begrüßung ein (und nur ein!) Küsschen auf die rechte Wange hauchen – egal, ob man sich kennt oder nicht! Bei förmlichen Anlässen oder großem Altersunterschied können Sie der Dame auch die Hand geben, oder beides zugleich. Männer untereinander begrüßen sich mit Handschlag, gute Freunde auch mit Schulterklopfen und Umarmung.

Unvorsichtig sein

Chile ist das sicherste Reiseland in Südamerika. Trotzdem können Sie Zielobjekt von Kleinkriminellen werden, die gern in Fußgängerzonen, vollen Bussen, dicht besetzten Cafés oder an belebten Badeständen zuschlagen. Tragen Sie keine Wertsachen offen mit sich herum, verstecken Sie Ihr Geld, tragen Sie Taschen im Gedränge vor dem Körper, lassen Sie Ausweise im Hotelsafe (führen Sie nur Kopien mit), leisten Sie bei einem Überfall keine Gegenwehr.

Sich zu viel vornehmen

In drei Wochen von Arica bis zum Kap Hoorn? Klar, irgendwie ist das zu schaffen, aber wie viele Tage davon sitzen Sie auf rüttelnden Schotterpisten am Steuer? Wieviel Zeit verwarten Sie auf Flughäfen und Busbahnhöfen? Bringen Sie mehr Zeit mit oder konzentrieren Sie sich auf ein, zwei Landesteile!